EVROPA

James Pastouna, geboren in New Brighton, England; lebt seit 1978 in Deutschland, zurzeit in Köln. 1993 gründete er die Produktionsfirma »Pastouna Picture Productions«. Seit 1997 arbeitet er als Autor und Produzent von Dokumentationen in zwanzig Ländern. Seine Dokumentarfilme »Im Todestrakt: Die Gefangenen auf Guantanamo Bay« und »die story: Das Verhör« wurden u. a. von der ARD und dem WDR ausgestrahlt.

Knut Ipsen war bis zu seiner Emeritierung im Jahr 2000 Professor für Öffentliches Recht und Völkerrecht an der Ruhr-Universität Bochum. Er ist u. a. Mitglied des Ständigen Schiedsgerichtshofs in Den Haag sowie Präsident des Deutschen Roten Kreuzes.

Marcus Pyka studierte Geschichte, Judaistik, Islamwissenschaft in Köln, Bonn, Jerusalem und München. Seine Promotion verfasste er über Leben und Werk des jüdischen Historikers Heinrich Graetz. Er ist wissenschaftlicher Mitarbeiter am Historischen Seminar der Ludwig-Maximilians-Universität München.

Markus Wriedt ist wissenschaftlicher Mitarbeiter des Instituts für Europäische Geschichte, Abteilung für abendländische Religionsgeschichte, und Professor für Kirchengeschichte an den Theologischen Fachbereichen der Johann Wolfgang von Goethe Universität Frankfurt/Main und der Marquette University, Milwaukee, Wisconsin.

JAMES PASTOUNA

Guantanamo Bay

Gefangen im rechtsfreien Raum

Mit Beiträgen von Knut Ipsen, Marcus Pyka
und Markus Wriedt

EUROPÄISCHE VERLAGSANSTALT

For my mother, father and Andrew
Dank an Klaus Martens, meinen Redakteur vom WDR

Informationen zu unserem Verlagsprogramm
finden Sie im Internet unter
www.europaeische-verlagsanstalt.de

Bibliografische Information Der Deutschen Bibliothek

Die Deutsche Bibliothek verzeichnet diese Publikation in der
Deutschen Nationalbibliografie; detaillierte bibliografische Daten
sind im Internet über <http://dnb.ddb.de> abrufbar.

© EVA Europäische Verlagsanstalt, Hamburg 2005
Umschlaggestaltung: Bayerl & Ost, Frankfurt/M.
Signet: Dorothee Wallner nach Caspar Neher »Europa« (1945)
Herstellung: Das Herstellungsbüro, Hamburg
Druck und Bindung: Fuldaer Verlagsanstalt
Alle Rechte vorbehalten
Printed in Germany
ISBN 3-434-50590-3

Inhalt

Prolog

Im Sommer 2003 gingen die Bilder von geknebelten und gefesselten muslimischen Männern in Guantanamo Bay täglich über die Bildschirme und durch die Zeitungen. Die Behandlung der Gefangenen in Guantanamo Bay bewegte die ganze Welt. Die britische Presse schrieb sehr ausführlich über die Behandlung der neun Briten, die in Guantanamo gefangen gehalten wurden. Sie verlangte Beweise vom US-Militär, dass diese Männer gefährliche Terroristen sind. Diese Männer hatten keinerlei Anklage erhalten, sie waren nicht einmal offiziell verhaftet worden.

Präsident Bush hatte bereits das Militär angewiesen, sich auf Prozesse gegen nichtamerikanische Verdächtige vorzubereiten, und machte deutlich, dass auch die Todesstrafe verhängt werden könnte. Die Ankündigung vom 3. Juli 2003, dass zwei britische Bürger, Moazzem Begg, fünfunddreißig Jahre, und Feroz Abbasi, dreiundzwanzig Jahre, unter den ersten sechs Häftlingen sein könnten, denen man einen Prozess vor einem Militärtribunal machen will, löste in Großbritannien großes Aufsehen aus. Premierminister Tony Blair geriet zunehmend unter Druck, sich für die britischen Terrorverdächtigen bei George Bush einzusetzen. Am 18. Juli 2003 gab das Weiße Haus eine Presseerklärung heraus, Präsident Bush und Premierminister Blair wären »überzeugt davon, dass ihre Experten eine Lösung erarbeiten würden, die die gemeinsamen Interessen Großbritanniens und der USA befriedigen würde«. Später erklärte das Verteidigungsministerium, dass die Todesstrafe weder auf die britischen Fälle noch den Australier David Hicks angewendet werden würde.

Deutschland hat seinen besonderen Fall, den so genannten »Bremer Taliban« Murat Kurnaz. Er hatte Bremen kurz nach dem 11. September 2001 verlassen, angeblich um den Koran in Pakistan zu studieren. Dort wurde er verhaftet. Auch er wurde nach Guantanamo gebracht, weil man ihn verdächtigte, für die Taliban gekämpft zu haben. Vielleicht war er aber auch – wie der Afghane Sayed Abassin – einfach nur zur falschen Zeit am falschen Ort. Anders als die britischen und australischen Häftlinge muss er mit der Todesstrafe rechnen.

Amnesty International schrieb in ihrem Bericht vom August 2003, dass die US-Regierung, anstatt die Genfer Konventionen vollständig anzuwenden, Hunderte der Personen, die sie in Afghanistan oder anderswo gefangen hatte, in ein gesetzliches »schwarzes Loch« fallen ließ, jenseits des Territoriums der USA, außer Reichweite der Gerichte, unter dem Begriff »ungesetzliche Kämpfer«.

Rund sechshundertachtzig gefangene Männer jeden Alters aus über vierzig verschiedenen Nationen findet man in Guantanamo Bay. Die meisten aber kommen aus Pakistan und Afghanistan.

1. Sayed Abassin, Kabul

Die Zeichen stehen alles andere als gut. Ich möchte für das deutsche Fernsehen einen Film über »Die Gefangenen von Guantanamo Bay« drehen. Gerade bin ich mit meinem rumänischen Kameramann Constantin Titineanu am Frankfurter Flughafen angekommen

Am Check-in-Schalter erwartet uns eine schlechte Nachricht. Nach Jahren eines verheerenden Konflikts in Afghanistan fängt Ariane, die nationale Fluggesellschaft, ganz von vorne an. Der wöchentliche Flug zwischen Frankfurt und Kabul ist einer der wenigen zivilen internationalen Flüge, die sie anbietet. Doch bei Ariane werden die Tickets von Hand ausgestellt, und so kann es zu folgenschweren Missverständnissen kommen: Am Schalter erklärt man mir, dass für den Rückflug in der folgenden Woche keine Plätze mehr verfügbar sind, obwohl der Mann, bei dem ich gebucht hatte, das Gegenteil behauptet hatte. Ich verlange nach dem Manager, der mir den sehr beruhigenden Tipp gibt, ich solle nach unserer Ankunft in Kabul einen Verantwortlichen des dortigen Ariane-Büros überreden, uns einen Platz in der nächsten Maschine nach Frankfurt zu garantieren. Also haben wir nur ein One-Way-Ticket in ein sehr gefährliches Land.

Sollen wir wirklich fliegen? Wir fliegen!

Im Flugzeug finde ich dann Zeit, noch einmal darüber nachzudenken, warum wir nach Afghanistan gehen. Alles begann mit einem Bericht von Amnesty International über den Krieg der USA gegen den internationalen Terror und meinem Entsetzen über die Bilder der in orange Overalls gekleideten und angeketteten Männer, die auf Anordnung von Präsident Bush gefangen gehalten werden. Ich wusste, dass es nicht genügen würde, in Guantanamo das umstrittene Lager anzuschauen, das weltweite Kritik hervorgerufen hat. Besonders weil ich weiß, dass es keinem Journalisten erlaubt ist, mit den Gefangenen dort zu reden. Wenn ich erfahren will, wie der Alltag in Guantanamo aussieht, unter welchen Umständen die Männer dorthin kamen, muss ich mit einem reden, der dort war und inzwischen wieder entlassen wurde.

In einem Bericht von Amnesty International wurde ein junger Mann aus Afghanistan erwähnt, sein Name ist Sayed Abassin. Er soll nach seiner Freilassung gesagt haben: »Was ist das für eine Gerechtigkeit? Einen jungen Menschen dreizehn Monate gefangen zu halten, jemanden einfach auf der Straße aufzugreifen und ohne Beweise zu inhaftieren, ohne eine ordentliche Untersuchung. Ist das ihr Gesetz?« Ich wusste, dass er der Richtige für mich war.

Über einen Kontakt in der französischen Presseagentur hatte ich ein Treffen mit ihm verabredet. Ich wollte alles von ihm wissen. Warum und wie war er verhaftet worden? Wie hatten ihn die Amerikaner behandelt und wie sah das Leben in Guantanamo aus?

Unser Kontaktmann Ahmed sollte in Kabul auf uns warten. Er ist das, was Journalisten einen »Fixer« nennen, jemand, der alles arrangiert (to fix). Wenn er sein Handwerk versteht, wird er übersetzen, sich um eine sichere Unterkunft, einen sicheren Aufenthalt kümmern und – ganz besonders wichtig – einen guten Wagen mit einem zuverlässigen Fahrer organisieren. Außerdem soll er uns zu Abassin bringen. Da er am Ende des Auftrags bezahlt wird, liegt es in seinem eigenen Interesse, dass wir nicht in Schwierigkeiten geraten. Aber können wir ihm vertrauen, und was machen wir, wenn Ahmed nicht da ist?

Bei solchen Gedanken sollte man nicht lange verweilen. Während Kabul noch vergleichsweise sicher ist, kann eine Reise außerhalb der Hauptstadt gefährlich werden. Mittlerweile hat sich die Stimmung an Bord des Flugzeuges verändert. Viele der Passagiere kommen nach Jahren des Exils nach Afghanistan zurück. Einige Reisende fangen an zu weinen, als wir am frühen Morgen etwas unsanft auf dem internationalen Flughafen von Kabul landen. Als ich aus dem Fenster sehe, entdecke ich neben der Landebahn einen Friedhof für zivile und militärische Flugzeuge und Hubschrauber, die in den ununterbrochenen Kämpfen der letzten fünfundzwanzig Jahre zerstört wurden.

Kabul – eine Stadt in Schutt und Asche

Im Gebäude stehen bereits Menschenmassen vor dem ramponierten Förderband. Geduldig warten wir auf unser Gepäck. Dann gehen wir weiter zu einem nicht sehr vertrauenerweckenden afghanischen Soldaten, um unsere Einreisevisa zu holen. »Willkommen in Afghanistan«, sagt er.

Vor dem Gebäude sind noch mehr Menschen. Wir warten und hoffen, dass Ahmed uns finden wird. Ich blicke auf ein riesiges Plakat des sehr populären ermordeten Tajik-Führers Ahmed sha Masood, den man wegen seines bewaffneten Kampfes gegen die Taliban auch den »Löwen von Peshawar« genannt hat. Zwei Tunesier mit gefälschten belgischen Pässen hatten sich als Journalisten ausgegeben und während eines angeblichen Interviews eine Bombe gezündet, die in der TV-Kamera versteckt war. Seine Ermordung, die nur zwei Tage vor den Anschlägen des 11. Septembers geschah, wurde von den US-Behörden mit Osama bin Ladens Al-Qaida in Verbindung gebracht.

Ahmed hat uns gefunden, und ich habe das Gefühl, dass wir ihm trauen können. Er spricht sehr gut Englisch und erzählt mir, dass er Medizinstudent ist. Ja, für ausländische Fernsehteams hat er schon früher gearbeitet, aber er hat noch niemanden zu Sayed Abassin gebracht. Die anderen Teams hatten über den Wiederaufbau und die von der NATO geführte ISAF (International Security Assistant Force) berichtet, die die neue Regierung von Präsident Karzai unterstützt.

Der Wagen, den er besorgt hat, ist ein Range Rover, und es gibt einen Fahrer. Luxus in einem Land, das durch jahrzehntelange Kriege verwüstet wurde. Die verlassenen Häuser vor dem Flughafen sind von Einschüssen durchlöchert. Wir fahren über die Great Masood Road, die schon bessere Tage gesehen hat. Ahmed bringt mich zum Ariane-Büro, wo sein Cousin arbeitet. Ehe wir uns versehen, sind wir im Büro des Direktors und lauschen einer erregten Diskussion auf Dari. Der Direktor wirkt sehr besorgt, fast traurig, während Ahmed mit ihm spricht, und am Ende gibt er uns die ersehnten Rückflugtickets für die nächste Woche.

Zurück im Auto, frage ich Ahmed, wie er das geschafft hat. »Gerade ist die Nachricht gekommen, dass dein Schwiegervater in Deutschland einen Schlaganfall hatte und nächste Woche beerdigt wird«, strahlt er mich an.

Ich fange an, diesen Mann zu mögen.

Ahmed hat uns ein Quartier außerhalb der Innenstadt von Kabul besorgt, wo es weniger gefährlich ist. Es befindet sich in der Nähe des Diplomatenviertels, umgeben von hohen Mauern.

Ahmed hat Abassin schon einmal getroffen und rät uns, sehr vorsichtig mit ihm umzugehen. Abassin wolle seine Geschichte erzählen, aber er brauche vorher auch ein wenig Zeit, um uns kennen zu lernen und festzustellen, ob er uns vertrauen kann. Offenbar ist Ahmed ein sehr umsichtiger Mensch, der sich in das Leiden Abassins hineinversetzen kann.

Kurz vor Sonnenuntergang fahren wir Richtung Innenstadt. Jetzt tragen wir Kopftücher genau wie die Männer hier, gegen den Staub, der überall ist. Wir kommen durch zerstörte Straßen mit Hunderten von Marktständen, an denen alles verkauft wird, von Teppichen bis zu Glühbirnen. Die zerstörten Häuser im Hintergrund, die früher Kinos, Schulen oder Wohnhäuser waren, führen uns das Ausmaß der kriegerischen Auseinandersetzungen vor Augen. Überall sieht man Frauen, die ihre Hände nach Almosen ausstrecken. Sie sind von Kopf bis Fuß in ihre Burkas gehüllt. Der Verkehr staut sich überall, und wir kommen nur langsam voran.

Erste Begegnung mit Abassin

Wir haben das Zentrum der Stadt durchquert und kommen auf eine Hauptstraße, die aus der Stadt führt. »Da sind wir«, sagt Ahmed, während Safi, unser Fahrer, den Wagen in einer unansehnlichen Nebenstraße abstellt. Vor uns befindet sich ein großes leer stehendes Kaufhaus, umgeben von einer Mauer, hinter der einige kleinere Gebäude liegen. Während wir zu diesen Gebäuden gehen, fällt mein Blick auf einen jungen Mann, der von fünf Männern in fließenden Gewändern umgeben ist. Ich habe den Eindruck, dass sie ihn beschützen wollen. Der Mann in der Mitte ist Abassin. Gemäß der islamischen Tradition in Afghanistan schütteln wir Abassin erst die Hand zur Begrüßung, dann legen wir die rechte Hand aufs Herz und fügen »Salam alaikum« hinzu. Zu meiner großen Freude stellt sich heraus, dass Abassin ein wenig Englisch spricht.

Nachdem wir Höflichkeiten ausgetauscht haben, zeigt mir Abassin einige Dokumente. Er ist achtundzwanzig Jahre alt, aber noch nicht verheiratet. Unter den Papieren sind Briefe seines Vaters, in denen er um die Freilassung seines Sohnes bittet. Er hat immer noch seinen Ausweis aus Guantanamo, ein Erinnerungsstück an die dreizehn Monate, die er dort verbringen musste. Besonders ein Dokument fällt mir auf, ein Entlassungsformular des amerikanischen Verteidigungsministeriums. Darin steht:

»Diese Person stellt gemäß unserer Einstufung keine Bedrohung für das US-Militär oder seine Interessen in Afghanistan dar. Gegen sie liegen keine Anklagen seitens der USA vor.« Das ist alles. Es gibt

keine Dokumente, die Abassins Unschuld feststellen, nur eine Vereinbarung, die er unterzeichnet hat. Darin wird von ihm gefordert, sich
niemals mit den Taliban oder der Al-Qaida einzulassen und nichts zu
unternehmen, was den USA schaden könnte. Abassin ist ein mutiger
Mann, denn ein Gespräch mit mir könnte schon einen Bruch dieser
Auflagen bedeuten. Sayed sagt: »Das habe ich gar nicht nötig, weil ich
nicht lüge. Ich habe nichts gegen die Amerikaner. Ich hasse sie nicht.«
Diese Aussage überrascht mich sehr.

Alltag in Kabul

Wir fahren am Ufer des Flusses Kabul entlang. Ich sitze als nicht-
zahlender Gast in Abassins gelbem Taxi. Er macht mit mir eine
»Sightseeingtour«. Ahmed und Constantin fahren im Range Rover
hinter uns her. Abassin erzählt mir, dass Kabul sich sehr verändert
hat, während er in Guantanamo war. Heute ist es wieder eine ge-
schäftige Stadt mit drei Millionen Einwohnern. Menschen, die all
das genießen können, was die Taliban verboten hatten, Musik oder
Filme etwa.

»Die Taliban mochten keine Musik, die Taliban mochten Bärte«,
sagt er. Dann zeigt er auf den Fluss Kabul, der die Stadt durchzieht.
Es ist ein trauriger Anblick. Jahre der Dürre haben nicht viel mehr
übrig gelassen als ein kleines Rinnsal. Nachdem der Fluss vor ca. fünf
Jahren zurückging, haben Händler einen riesigen Markt am Fluss-
ufer aufgebaut und ihn immer weiter ins Flussbett ausgedehnt. Die
Kabuler nennen den Markt »Titanic«, in Anlehnung an den großen
Kinoerfolg. Der Markt ist ein Magnet für Gestrandete. Ein Zentrum
der Ausbeutung und Kinderarbeit.

Dann fahren wir an einem Flüchtlingslager vorbei. Die Zelte, die
mit Plastikplanen abgedeckt sind, bieten etwas Schutz vor Kälte und
Feuchtigkeit und stammen von der UNHCR, der United Nations

High Commission for Refugees. Mein Kameramann und ich sind ein wenig enttäuscht, weil keine Menschen im Lager zu sehen sind.

Dann aber fährt ein Lastwagen vor. Man zieht eine Plane zurück, und wir sehen eine mobile Küche. Wie aus dem Nichts tauchen die Flüchtlingskinder auf. Der Lastwagen gehört einer islamischen Wohltätigkeitsorganisation, die Essen an die Bedürftigen verteilt. Abassin schüttelt den Kopf und erklärt: »Sie waren vor den Taliban geflohen.« Wir filmen die Kinder, wie sie mit ausgestreckten Händen nach Brot und Wasser greifen. Sie sind Heimkehrer ohne Zuhause, gehören zu den 750 000 Afghanen, die nach Kabul zurückgekommen sind. Sie kehrten zurück, weil es wieder Frieden gab in ihrer Heimat, und sie hofften, dass es ihnen hier nun besser gehen würde als in den Flüchtlingslagern in Pakistan oder dem Iran, wohin sie geflüchtet waren. Es scheint, dass in Afghanistan jeder eine Geschichte zu erzählen hat.

Am falschen Ort zur falschen Zeit

Als Abassin im April 2002 mit seinem Taxi am Militär-Kontrollpunkt in Gardez anhielt, ahnte er nicht, dass dies der Beginn einer fürchterlichen Reise war. Abassin fuhr in eine Gegend, wo Amerikaner von Talibankriegern überfallen worden waren.

»Was mir passiert ist, ist unglaublich, und doch ist es so geschehen«, berichtet Abassin. »In Kabul stieg ein Fahrgast in mein Taxi und wollte nach Khost. Wir mussten über den Kontrollpunkt in Gardez fahren. Ich war schon oft dort, wurde kontrolliert und konnte weiterfahren. An diesem Tag war das anders. Mein Fahrgast wurde von den Kontrollposten der Nordallianz erkannt. Es war der Cousin eines Warlords. Sie führten ihn ab, und auch ich wurde gezwungen auszusteigen. Ich zeigte ihnen meine Arbeitspapiere und versuchte ihnen zu erklären: ›Ich habe nichts mit diesem Mann zu tun, er ist in Kabul in mein Taxi gestiegen. Ich kenne diesen Mann nicht, ich bin nur Taxifahrer!‹ Sie aber stießen mich mit den Gewehren vor sich her. Sie hörten mir gar nicht zu. Dann brachten sie mich zur Polizeistation von Gardez. Ich fragte sie: ›Was werft ihr mir vor, ich habe nichts Schlechtes getan!‹ Ich wollte wissen, was sie mit mir vorhaben. Dann schlugen sie mich. Ich konnte nichts machen. Sie wollten mich an die Amerikaner übergeben. Ich dachte, dort wird man mich anhören, jetzt wird sich sehr schnell aufklären, dass ich unschuldig bin. Die Amerikaner haben die Taliban vertrieben, die die Menschen hier so unterdrückt haben. Die Amerikaner sind fair, sie lassen es nicht zu, dass Unschuldige eingesperrt werden. Sie sind nicht wie die Taliban. Sie werden herausfinden, dass ich nur ein Taxifahrer bin, der seine Arbeit machte. Ich glaubte ganz sicher, dass ich wieder zu meinem Taxi kommen würde und zurück nach Kabul fahren könnte.«

Mitglieder der US-Streitkräfte hatten viele Zivilisten verhaftet, selbst solche, die nicht unmittelbar in Auseinandersetzungen verwickelt waren. Zuweilen wurden Männer im rekrutierfähigen Alter verhaftet, nur weil sie sich gerade in der Nähe einer militärischen Operation aufhielten. Manche wurden verhaftet, weil man sie für eine Bedrohung der amerikanischen Sicherheit hielt, so etwa ein Zivilist, den man in der Nähe eines Hinterhalts entdeckte. Zu der Zeit von Abassins Verhaftung wurden Zivilisten, die auch nichts mit den Kämpfen zu tun hatten, verhaftet, weil die Amerikaner und die verbündeten Milizen der Nordallianz keine militärischen Informationen austauschten. Es schien einfacher und sicherer, Verdächtige festzuhalten, auch wenn die Grundlage für ihre Verhaftung äußerst fragwürdig war, als das Risiko einzugehen, sich einen gefährlichen Terroristen durch die Lappen gehen zu lassen.

Abassin berichtete mir, dass seine Kollegen besorgt waren, als er sich nicht mehr bei ihnen meldete und auch bei seiner Familie nicht auftauchte.

Nach Abassins Verschwinden hatte sich sein Vater bei allen möglichen Stellen erkundigt, was mit seinem Sohn passiert sein könnte.

Ein Beamter der Stadtverwaltung hatte ihm erklärt, dass die Amerikaner für Informationen, die zur Verhaftung von Al-Qaida-Mitgliedern und Taliban-Kämpfern führen, hohe Belohnungen an die Nordallianz zahlen würden. Laut diesem Mann sollen die Milizen für die Übergabe von Abassin und seinem Fahrgast, dem Cousin des feindlichen Warlords, mehrere tausend Dollar vom amerikanischen Militär erhalten haben.

Für Geld hatte man seinen Sohn als einen angeblichen Taliban denunziert.

Für Abassin und viele andere Verhaftete war dies der Beginn einer harten Prüfung. Abassin wurde geschlagen und gedemütigt. Er sagte: »Auch nachts kamen die Soldaten in meine Zelle und befahlen: Hinknien, aufstehen, stell dich an die Wand, nein, dorthin! Und dann lachten sie. Immer wieder wurde ich verhört. Aber ich konnte ihnen doch nichts sagen. Ich war ihnen hilflos ausgeliefert.«

Wochen- oder sogar monatelang wurden die Gefangenen ohne Familienbesuch festgehalten. Nach ihrer Entlassung mussten viele feststellen, dass ihre Häuser von afghanischen Truppen geplündert worden waren. Es war das Schicksal vieler Afghanen, dass sie verhaftet wurden, weil sie zur falschen Zeit am falschen Ort gewesen waren.

Abassins Anliegen

Abassin und ich fahren zum verfallenen Grabmal des früheren afghanischen Führers Kind Nadir Shar hinauf. Im Wagen läuft seine geliebte Hindi-Musik. Da sehen wir Kinder mit ihren Eltern und junge Männer, die den Hügel hinauflaufen, sie wirken fröhlich und ausgelassen. Es ist ein beliebter Ort zum Drachensteigenlassen, eines von vielen Vergnügen, das die Taliban verboten hatten.

Ich denke über Abassin und seine Familie nach. Sein Vater hatte sich leidenschaftlich für die Freilassung seines Sohnes eingesetzt. Ich habe seinen Brief an die US-Botschaft in Kabul gelesen, in dem auch die Rede von einem jungen Mann namens Wazir Mohammad ist. Nachdem Abassin verhaftet worden war, hatte sich sein bester Freund Wazir, Taxifahrer wie er, auf die Suche nach ihm gemacht und am Kontrollpunkt in Gardez sein verlassenes Auto gefunden. Als er bei den Milizen der Nordallianz nachfragte, wurde er ebenfalls verhaftet und den Amerikanern übergeben.

Abassin nimmt aus seiner Tasche ein Stück Papier, gibt es Ahmed und spricht ein paar Worte mit ihm. Ahmed dolmetscht, dass auf dem Papier ein paar Gedichtzeilen stehen, die Wazir von Guantanamo an seinen Bruder geschickt hat. Ahmed übersetzt sie für mich:

> *Ich bin wie ein Tier in einem Käfig eingesperrt.*
> *Niemand fragte mich, ob ich ein Mensch bin oder nicht.*
> *Ich habe nicht schlecht gesprochen über Leute.*
> *Ich habe kein Verbrechen begangen, aber ich bin im Gefängnis.*

Abassin ist frei, aber sein bester Freund ist immer noch in Guantanamo und erlebt jeden Tag die Qualen, die auch er erlitten hat. Dieser Gedanke lässt ihm keine Ruhe.

»Wazir ist mein bester Freund. Sein einziges Verbrechen war, dass er nach mir gefragt hat. Es macht mich völlig fertig, wenn ich an ihn denke. Es ist die größte Tragödie meines Lebens. Bitte sagen Sie den Amerikanern, dass sie ihn freilassen sollen.«

Ich frage ihn, was er Wazir in Guantanamo zum Abschied gesagt hat. Abassin blickt zu Boden und erwidert leise:

»Mach dir keine Sorgen, Wazir. Man wird dich freilassen, weil du unschuldig bist.«

Deshalb also war Abassin bereit, mit mir zu sprechen. Er hofft, dass ich seinem Freund helfen kann. Wie aber soll ich die Amerikaner dazu bringen können, Wazir freizulassen?

Abassin verdient nicht viel, etwa dreißig Euro im Monat. Aber er ist ein stolzer Mann und hat mich um kein Honorar gebeten. Sein einziger Wunsch ist es, seinem Freund zu helfen.

Er hat mich nicht nach Geld gefragt, obwohl er es gut brauchen könnte. Als er verhaftet wurde, kam seine Familie in große Schwierigkeiten. Es ist in Afghanistan üblich, dass die Männer die Familie ernähren. In seiner Verzweiflung schrieb der Vater an den amerikanischen Botschafter: »Begehen Taxifahrer eine Sünde, wenn sie doch nur Geld für ihre Familien verdienen? Müssen die Eltern jetzt um Hilfe betteln? Wer kümmert sich um seine Familie, jetzt wo er im Gefängnis ist?«

Abassins Vater, sein Onkel und ein Vetter, bei denen er lebte, haben ihm das Taxi finanziert. Mit dem Verdienst als Taxifahrer konnte er zum Unterhalt der Familie beitragen. Er wollte viel Geld verdienen, um später noch studieren zu können. Als Abassin in Guantanamo war, konnte er weder die Raten für das Taxi bezahlen noch die Familie unterstützen. Sein Vater ist immer davon überzeugt gewesen, dass sein Sohn kein Talibankämpfer war und keine Verbindung zu Al-Qaida hatte. Deshalb hat er sich von Nachbarn, Bekannten und Verwandten Geld für Anwälte und Behörden geliehen, um etwas über das Schicksal seines Sohnes zu erfahren und seine Freilassung zu erreichen. Da Abassins Verwandte von seiner Unschuld ausgingen, glaubten sie, dass er bald wieder frei sein würde. Deshalb hat seine Familie nicht das Taxi verkauft, um das nötige Geld aufzubringen. Jetzt muss Abassin alle Schulden wieder zurückzahlen.

Nach seiner Rückkehr aus Guantanamo ist Abassin nicht zurück zu seiner Familie in seinen Heimatort gegangen. Er lebt bei einem Vetter in Kabul. Er spricht nicht gerne über seine Familie und lehnt es ab, mit mir in seinen Heimatort zu fahren. Fürchtet er, seine Familie in Schwierigkeiten zu bringen, wenn er einen Fremden, einen Engländer, in das Haus seines Vaters bringt? Oder empfindet er Scham, weil die Familie seinetwegen leiden musste?

Das Taxi, das seine und die Zukunft seiner Familie sichern sollte, wird er nun doch verkaufen müssen, denn die Geschäfte laufen nicht gut, und er hat Schwierigkeiten, sich im Alltag wieder zurechtzufinden. Von den Amerikanern hat er keinerlei Schmerzensgeld oder Entschädigung erhalten. Nicht einmal eine Entschuldigung.

Gefangen in Bagram

Abassin wartet immer am selben Taxistand. Er steht an der Spitze der Taxischlange und hält geduldig nach Kunden Ausschau. Er weiß nicht, dass Constantin ihn gerade filmt, weil wir etwas »natürliches« Material von ihm bekommen wollen, wie er seinem Tagesgeschäft nachgeht. Ein Kunde kommt, und Abassin fährt weg. Der durchschnittliche Fahrpreis liegt bei vierzig Cent. Wir hoffen, dass er nicht allzu lange unterwegs sein wird, und filmen einen Marktstand in Kabul, wo neben Baseballmützen islamische Gebetsmützen angeboten werden. Ein sehr symbolisches Bild, als würde die amerikanische Kultur sich langsam in die konservative islamische Gesellschaft einschleichen.

Nach kurzer Zeit kommt Abassin zurück und fährt wieder an die Spitze der wartenden Taxis. Seine Kollegen scheint das nicht zu stören, im Gegenteil, sie winken ihn nach vorne. Alle setzen ihre Autos zurück, so dass er seinen Wagen vorne abstellen kann. »Warum machen sie das?«, frage ich Ahmed. Unser Übersetzer erklärt mir, dass die Taxifahrer nach Abassins Rückkehr beschlossen haben, ihm immer den ersten Platz zu lassen, weil sie wissen, was er alles durchgemacht hat. Gesten der Menschlichkeit findet man oft dort, wo man sie nicht erwartet.

Abassin nimmt mich in seinem Taxi mit zu seinem Cousin. Wir haben uns zu einem Gespräch verabredet und sind zum Tee eingeladen.

Hinter uns sind Ahmed und Constantin im Range Rover. In Kabul gibt es weder Verkehrsregeln noch Ampeln. Aber im Vergleich zu anderen ist Abassin ein guter Fahrer. Vorsichtig umkurvt er die Schlaglöcher in den holperigen Straßen. Mir fällt auf, dass er nicht gut sieht, und ich frage mich, ob das von dem vielen Staub und Rauch in den Straßen kommt oder vielleicht aus seiner Zeit im Gefängnis.

Wali, Abassins Cousin, ist immer für ihn da. Er gibt ihm jederzeit die emotionale Unterstützung, die er nach seinen schlimmen Erfahrungen während der Haft so sehr braucht. Abassin hält Walis Hand, ein Ausdruck dafür, dass sie sich einig sind. Ahmed dolmetscht wieder, die Kamera läuft. »Erzähle mir bitte genau, was nach deiner Verhaftung in Gardez passiert ist«, bitte ich Abassin.

»Die afghanischen Soldaten übergaben mich an die Amerikaner. Ein Amerikaner setzte mir seine Waffe an den Kopf und sagte: Du sagst besser die Wahrheit, sonst töten wir dich. Dann wurde ich nach Bagram gebracht«, erzählt Abassin.

»Wie war es in Bagram?«, frage ich.

Er schließt seine Augen, wie um einige schmerzliche Erinnerungen zu unterdrücken.

»Ich war vierzig Tage dort. In der ersten Woche hielten sie mich in Handschellen, und auch meine Füße waren gefesselt. Während meiner Zeit in Bagram stellten sie mir immer wieder Fragen, auf die ich keine Antwort wusste. Ich durfte nicht mit den anderen Gefangenen sprechen. Wir wurden isoliert gehalten, in Einzelhaft. Einmal am Tag durften wir raus auf einen Hof. Dort sah ich auch die anderen Gefangenen. Wenn sie dich beim Sprechen erwischten, wurdest du hart bestraft. Sie zwangen mich, stundenlang auf derselben Stelle zu stehen oder manchmal zu knien und dabei immer einen Punkt an der Wand anzustarren. Wenn dir das nicht gelang, wurde die Strafe verlängert. Körperpflege war nahezu unmöglich. Keine Chance auf ein Bad. In unsere Zellen strahlten vierundzwanzig Stunden die Scheinwerfer, Tag und Nacht. Wenn wir für irgendwas bestraft werden sollten, kamen wir in eine fensterlose Zelle. Diese Zellen durften wir nur zweimal in der Woche verlassen, und das plötzliche Tageslicht war sehr schmerzhaft. Der Wechsel von Scheinwerferlicht, vollkommener Dunkelheit und Sonnenlicht hat meine Augen geschädigt.«

Wali, sein Vetter bestätigt dies: »Abassins Sehschwäche ist eine Folge der Haft. Vor seiner Inhaftierung hatte er nie Probleme mit den Augen. Er trägt nun sogar eine Brille.«

Und Abassin berichtet weiter über seine Odyssee:

»Von Bagram aus wurde ich mit einem schwarzen Sack über dem Kopf, an Händen und Füßen gefesselt, nach Kandahar im Süden von Afghanistan gebracht. Dort ist das Hauptgefängnis der US-Militärstützpunkte in Afghanistan. Vor hier aus werden die Verhafteten nach Guantanamo geflogen.« Hier machte Abassin einen Fehler: Er hat einem amerikanischen Soldaten direkt ins Gesicht geblickt. Das ist streng verboten. Ich fragte ihn, was dann passiert ist. Er sagt: »Da ich ihm ins Gesicht geschaut hatte, musste ich zur Strafe zwei Stunden knien. Das ist ihre Lieblingsstrafe. Aus dem Stand auf den harten Betonboden. Das schmerzt sehr, aber du musst knien, so lange sie es wollen. Oft sogar mehr als zwei Stunden. Bis heute habe ich davon Schmerzen in den Knien.«

Laut Menschenrechtsbeobachtern in Kabul haben die CIA und US-Militärverhörspezialisten Zugriff auf die Gefangenen in Shiberghan und anderen afghanischen Gefängnissen. Human Rights Watch berichtet, dass die CIA eine große und schwer bewachte Anlage in Kabul unterhält, umgeben von dreizehn Meter hohen Mauern mit Stacheldraht und Wachtürmen. Außerdem untersteht der CIA noch eine separate Haft- und Verhöranlage in Bagram, wo sich die Kommandozentrale der Operation »Enduring Freedom« (Dauerhafte Freiheit) befindet. Dies wurde allerdings von den USA nie offiziell bestätigt.

Human Rights Watch besitzt zuverlässige und stichhaltige Informationen über Misshandlungen der Gefangenen in Bagram. Anscheinend war die Behandlung der Gefangenen in den ersten Monaten, nachdem die USA die Anlage in Bagram errichtet hatten, besonders hart.

Auf der Suche nach der Wahrheit

Im Dezember 2002 schockierte die Washington Post die Welt durch folgende Enthüllung. Sie schrieb, dass in Bagram »eine Ansammlung von Metallcontainern steht, durch drei Lagen Stacheldraht abgesichert. In den Containern befinden sich die kostbarsten Trophäen des Kriegs gegen den Terror – gefangen genommene Al-Qaida-Mitglieder und Taliban-Führer. Laut Geheimdienstspezialisten, die mit den Verhörmethoden der CIA vertraut sind, müssen diejenigen, die sich in diesem geheimen Verhörzentrum der CIA weigern zu kooperieren, oft für Stunden knien oder stehen, unter schwarzen Kapuzen oder mit geschwärzten Taucherbrillen. Manchmal werden sie gezwungen, in unangenehmen und schmerzhaften Positionen zu verharren, oder man entzieht ihnen den Schlaf durch Vierundzwanzig-Stunden-Dauerbeleuchtung im Rahmen dessen, was als ›stress and duress-Technik‹ (Belastung und Zwang) bekannt ist.«

Im Dezember 2002 starben zwei Afghanen unter mysteriösen Umständen wenige Tage nach ihrer Inhaftierung in Bagram. Die Todesscheine, die von der US-Militärärztin Major Elizabeth Rouse ausgestellt worden sind, nachdem diese eine Autopsie durchgeführt hatte, nennen als Todesursache Mord. Einer dieser Männer, Dilawar, erst zweiundzwanzig Jahre alt, war verheiratet und Vater eines kleinen Kindes. Er fuhr Taxi wie Abassin. Die Verletzungen, die ihm zugefügt wurden, werden im Totenschein so beschrieben: »Verletzungen durch stumpfe Schläge an den unteren Extremitäten, die eine Erkrankung der Herzschlagader verstärkten.«

Beide Militärpathologen lehnten Interviewanfragen von Human Rights Watch ab.

Der Brite Moazzem Begg, der mit seiner Familie in Islamabad in Pakistan lebte, wurde in US-Gewahrsam nach Bagram in Afghanistan verschleppt, wo er zwölf Monate blieb, bevor man ihn nach Guantanamo brachte. In einem zensierten Brief aus Bagram an seine Frau heißt es:

»Ich schreibe diesen Brief spät in der Nacht, da ich meistens nicht schlafen kann, weil ich die ganze Zeit nachdenke, mir Sorgen mache und wegen der Hitze und des hellen Lichts. ... Es gibt viele Regeln hier, die das Warten nicht gerade leichter machen. Das Essen war in den letzten fünfeinhalb Monaten immer dasselbe, dreimal am Tag, das erste Mal am Morgen, das letzte nachmittags, die meiste Zeit habe ich Hunger.«

Und was sagen die Verantwortlichen in Bagram zu diesen Vorwürfen? Ich habe die Genehmigung, den Stützpunkt zu besuchen und Colonel Rodney Davis, seinen Sprecher, zu interviewen.

Constantin und ich fahren in einem alten klapperigen Taxi zum Stützpunkt von Bagram, der etwa eine Stunde nördlich von Kabul liegt. Der Range Rover ist für unseren Geschmack zu auffällig. Diese Reise kann gefährlich werden. Manchmal schießen ehemalige Taliban-Kämpfer auf amerikanische Soldaten, die zum Stützpunkt fahren. Sind gerade keine Soldaten da, nehmen sie auch jeden anderen »Westler« aufs Korn. Wir fahren durch zerstörte Dörfer mit durchlöcherten Häusern. An beiden Seiten der Straße liegen die Reste russischer Panzer. Landminensuchtrupps durchpflügen die offenen Felder. Dahinter erheben sich die zerklüfteten Panjshier Berge. Über den schneebedeckten Gipfeln kreisen Zweipropeller-Chinook-47-Transporthubschrauber wie Greifvögel.

Wie verabredet sind wir Punkt neun Uhr am Haupteingang in Bagram. Der Stützpunkt ist sorgfältig mit Sandsäcken befestigt. Ich höre ein bedrohliches Geräusch wie von einem metallisch pochenden Herzen. Als ich nach oben schaue, verschlägt es mir den Atem. Das fliegende Objekt sieht aus wie ein großes schwarzes Insekt. Es ist ein Apache-Hubschrauber, eine der effektivsten Angriffsmaschinen. Zu seinen Waffen gehören die Hellfire-Raketen. Diese Bomben sind wie kleine computergesteuerte Flugzeuge: hochexplosive Waffen, die sich durch die massivsten Panzer durchbrennen können.

Neben mir stehen junge Soldaten, nicht älter als zwanzig, die schwere Gewehre tragen. Sie sind hier, um das Lager notfalls mit ihrem Leben zu schützen. Afghanische Kinder drängen sich um sie herum. »Kaufen Sie das, Mister, kaufen Sie.« Die Soldaten ignorieren die Kinder. Mit Handspiegeln suchen sie sorgfältig die Unterseiten der Fahrzeuge nach Sprengstoff ab. Wir betreten eine andere Welt. Um 9:10 Uhr sind wir im Pressebüro. Der Offizier dort erklärt mir, dass der Colonel ein Treffen mit dem General hat, und »wenn der General dich ruft, lässt du alles fallen, vor allem wenn es ein Termin mit einem Journalisten ist«. Ein Hauch von Humor beim Presseoffizier. Ich unterzeichne die Grundsatzerklärung CJTF-180 (Combined Joint Task Force). Artikel fünf untersagt Foto- und Filmaufnahmen von Häftlingen oder Häftlingseinrichtungen in Afghanistan, sofern dafür nicht die Zustimmung des CJTF-180-Presseoffiziers vorliegt. Auch werden keine Interviews mit Häftlingen zugelassen.

Die Presseabteilung genehmigt uns eine Führung durch das Lager. Eine Militärangehörige führt uns in einem Jeep auf eine Sightseeing-Tour durch die Anlage, in der ca. 8000 Soldaten untergebracht sind. Ich sehe viele in Zivil gekleidete Männer mit dunklen Sonnenbrillen, die nicht so aussehen, dass ich sie zum Tee einladen würde. »Wer sind die Männer?«, frage ich. »Zivile Lieferanten«, antwortet die Begleiterin. Anschließend fahren wir zur Landebahn des Stützpunkts. Helikopter werden betankt, um sie startklar für einen Einsatz zu machen. Zwei Transportflugzeuge werden entladen: Ausrüstung und Proviant. Von diesem Stützpunkt werden die amerikanischen Militäraktionen in Afghanistan für die Operation »Dauerhafte Freiheit« koordiniert. Unsere Begleiterin erzählt, dass regelmäßig mutmaßliche Taliban- oder Al-Qaida-Einrichtungen aus der Luft zerschlagen werden. Die von den USA geführten Spezialeinheiten der Verbündeten jagen dann nach mutmaßlichen Guerillas. Immer wieder muss ich an Abassin denken.

Endlich gute Nachrichten. Der Colonel ist gelandet und wird mit uns sprechen.

Nach sechs Stunden bekomme ich endlich mein Interview.

Frage: »Colonel Davis, was ist die Aufgabe dieser Haftanlage?«

Antwort: »Also, die Aufgabe dieser Haftanlage ist es, jene Personen unter unserer Kontrolle zu halten, von denen wir annehmen, dass sie Informationen für unseren Krieg gegen den Terror haben.«

Frage: »Colonel Davis, ist es wahr, dass die Häftlinge hier stundenlang gefesselt gehalten werden?«

Antwort: »Wir nehmen keine Stellung zu der Art und Weise, wie wir unsere Haftanlage führen. Aber ich kann Ihnen erzählen, dass ich in der freien Presse Berichte von verschiedenen ehemaligen Häftlingen aus Bagram gesehen habe, in denen sie angeben, sehr gut behandelt worden zu sein. Einer sagte sogar, daran kann ich mich sehr genau erinnern, dass er zurückkommen wollte. Er wollte nicht entlassen werden, weil er hier gut versorgt und medizinisch betreut wurde. Natürlich befürworten wir es nicht, dass jemand länger als absolut notwendig hier gehalten wird.«

Frage: »Ich habe die Kopie eines Briefes von einem ehemaligen Insassen aus Bagram. Er schrieb, dass er fünf Monate lang jeden Tag das gleiche Essen bekommen hat. Können Sie dazu Stellung nehmen?«

Antwort: »Auch dazu kann ich keine Stellung nehmen. Davon weiß ich nichts, von den Details, wie die Anlage geführt wird. Aber ich kann Ihnen Folgendes sagen. Wir behandeln diejenigen, die hierher gebracht werden, in einer Art und Weise, die im Einklang mit den Genfer Konventionen steht. Das ist eine Tatsache. Außerdem geben wir dem Roten Kreuz die Möglichkeit, die Haftbedingungen zu prüfen. Wir sind also offen für die angesehensten Hilfsorganisationen, damit sie das Wohlergehen der Häftlinge prüfen können.«

Frage: »Es ist eine Tatsache, dass hier zwei Menschen gestorben sind. Auf ihren Totenschein schrieb ein amerikanischer Pathologe ›Mord‹. Was ist da passiert?«

Antwort: »Ich kann Ihnen nur sagen, dass dieser Zwischenfall untersucht wird. Ich muss Sie für weitere Informationen an die Abteilung zur Untersuchung von Straftaten in den USA verweisen.«

Damit war das Interview abrupt beendet.

Human Rights Watch hat wiederholt an die »Abteilung zur Untersuchung von Straftaten« geschrieben und um Informationen zu diesen beiden Todesfällen gebeten. Die Antwort war: »Die Untersuchungen sind im Gange, und Informationen sind nicht erhältlich.« Human Rights Watch schreibt ferner in ihrem Bericht: »Die Behandlung der Häftlinge in Bagram scheint seit 2002 geregelter geworden zu sein und professioneller, obwohl der fehlende Zugang zu den Häftlingen es schwer macht, einzuschätzen, ob die Bedingungen sich signifikant verbessert haben.«

Colonel Davis erlaubt uns noch, die Haftanlage von außen zu besichtigen. Aber unter der Bedingung, dass wir das Gebäude nur von einer von einer bestimmten Position aus betrachten. Die Sicherheit steht immer an erster Stelle. Von unserem Blickwinkel aus ist das Gebäude fast komplett von Bäumen verdeckt. Ist das ein Scherz?

Wir verlassen den Stützpunkt eine Stunde vor Sonnenuntergang.

Human Rights Watch listet in ihrem neunundfünfzig Seiten starken Bericht »Enduring Freedom – Misshandlungen durch US-Kräfte in Afghanistan« eine Reihe erschreckender Zeugnisse von Missbrauch durch die amerikanischen Streitkräfte und das in ihrem Namen handelnde afghanische Militär auf. Er bestätigt, was Abassin mir erzählt hat. Sie schreiben:

»Nach Aussagen von Häftlingen, die freigelassen wurden, bestrafen die US-Wächter Häftlinge in Bagram, wenn sie Regeln brechen – zum Beispiel, wenn sie mit anderen Gefangenen sprechen oder die

Wache beschimpfen. Die Häftlinge werden in Fesseln dazu gezwungen, die Arme über den Kopf zu heben, die Fesseln werden dann über eine Tür gelegt, so dass sie die Arme nicht mehr herunternehmen können. Sie müssen so, mit den Händen über dem Kopf, für zwei Stunden stehen.«

Straßen zur Hölle

Da sind wir nun, mitten in Schwierigkeiten. Constantin und ich stehen auf einem Feld. Überall um uns herum sehe ich nichtdetonierte Sprengkörper. Es könnte sogar sein, dass wir mitten in einem Minenfeld stehen. Wie wir hierhin gekommen sind? Durch absolute Dummheit, meine Dummheit.

Als wir von Colonel Davis zurück nach Kabul fuhren, sah ich Kinder und eine Wasserpumpe auf einem Feld. Wir waren noch einige Kilometer von Kabul entfernt, am Ende der Bagram-Straße. Davon hätte ich gerne ein paar Aufnahmen, überlegte ich mir im Vorbeifahren. Diese Pumpe könnte als symbolisches Filmmaterial dienen, im Zusammenhang mit der Geschichte von Moazzem Begg, einem der britischen Gefangenen auf Guantanamo Bay. Sein Vater hatte mir erzählt, dass Moazzem im Januar 2001 mit seiner Frau und seinen Kindern nach Afghanistan gegangen war, um dort für eine muslimische Hilfsorganisation zu arbeiten und Wasserpumpen zu installieren.

Safi, unser Fahrer, brachte uns zu der Wasserpumpe. Wir parkten direkt vor einem rostigen sowjetischen Panzer. Die ganze Gegend war übersät mit den Überresten des Sowjetkrieges von 1979 bis 1989. Wir gingen mit der Kameraausrüstung etwa fünfzig Meter aufs Feld in Richtung der Kinder. Die drei kleinen Jungs, nicht älter als zehn Jahre, sind ganz anders als die Kinder am Stützpunkt von Bagram, die die Soldaten um Geld angebettelt hatten. Diese Jungs waren hier, um zu spielen. Es sah aus, als würden sie es nicht schaffen, die Pumpe in Gang zu setzen. Aber sie gaben nicht auf, bis das Wasser floss. Sie wollten unbedingt im Wasser spielen. Mit Hilfe eines kleinen »Staudamms« legten sie einen »See« an. Plötzlich spritzte einer der Jungs mich nass, sie wollten mit uns spielen. Als ich auf die Kamera zeigte, hörten sie auf. Dann fingen sie an, vor der Kamera zu posieren. Constantin filmte sie und zeigte ihnen seine Arbeit im Sucher. Der Älteste von ihnen war wirklich fasziniert. Ich war weit weg von der schrecklichen stinkenden Stadt. Weit entfernt von Bagram und weit entfernt von Guantanamo Bay. Wirklich ein schöner Tag.

Mit meinem Blick verfolgte ich das Rinnsal, das ziellos über das Feld floss. Nichts wurde hier angebaut. Dann sah ich etwas, das wie eine Konservendose aussah. Ich schaute genauer hin. Es war ein abgefeuerter Sprengkopf. Ich sah mich um und zählte fünf nichtdetonierte Granaten, die einmal von einer Panzerfaust abgefeuert worden waren. Direkt neben dem Stativ lag eine abgefeuerte Raketenhülle. »Constantin, sieh mal!«, sagte ich und zeigte nach unten. Beim Aufbauen der Kamera hätte er leicht das Stativ auf eine scharfe Granate stellen können. Wir hätten auch auf eine treten können. Vielleicht waren auch Landminen hier. Afghanistan ist übersät von Minen. Die Überreste dieser Waffen töten immer noch Menschen. Kinder sind besonders gefährdet.

»Es ist besser, wenn wir hier verschwinden«, erklärt Constantin. Aber wie? Am besten wäre es, genau den gleichen Weg zurückzugehen, den wir gekommen sind, aber es gibt keine Fußspuren. Ich sehe hinüber zu Safi, der im Wagen vor sich hindöst. »Safi, Bomben«, rufe ich und zeige mit dem Finger auf den Boden. Er gibt den Kindern eine Anweisung. »Folgt ihnen«, ruft er uns zu. Die drei Jungen zeigen uns einen sicheren Weg zurück zur Straße, und wir folgen ihnen sehr vorsichtig. Ich bitte Safi, den Kindern zu sagen, dass es zu gefährlich ist, bei den Bomben und Minen zu spielen. Der ältere Junge antwortet, dass er die sicheren Wege kennt, denn um nach Hause zu kommen, muss er immer über dieses Feld gehen.

Afghanistan und die Taliban

Seit fünfundzwanzig Jahren befindet sich Afghanistan im Kriegszustand. Die Kinder wachsen auf mit Waffen und Gewalt und vielen Entbehrungen. Auch Abassin ist ein Kind des Krieges.

Bevor er von den Amerikanern gefangen genommen wurde, hat er fast sein ganzes Leben in einem von kriegerischen Auseinandersetzungen heimgesuchten Land verbracht. Die Menschen wurden bombardiert, gequält, vergewaltigt und ermordet. Es gab Stammesfehden, Revolutionen und eine zehnjährige sowjetische Besatzung. Im Verlauf von Abassins Leben sind über eine Million Afghanen in den Konflikten gestorben, und über sechs Millionen sind aus dem Land geflohen. Laut UN liegt die Lebenserwartung eines Afghanen bei durchschnittlich vierundvierzig Jahren.

Die letzte afghanische Regierung, die Abassin vor seiner Verhaftung erlebt hatte, waren die Taliban. Sie waren die stärkste Gruppe unter den Mudschahedin-Rebellen und propagierten eine strenge Auslegung des islamischen Gesetzes.

Bevor sie 1996 an die Macht kamen, war Afghanistan in einem Zustand vollkommener Gesetzlosigkeit. Das Land war in viele Stammesgebiete unterteilt und wurde durch einen brutalen Bürgerkrieg geplagt, der zu zahlreichen Menschenrechtsverletzungen führte. Die Taliban schienen zunächst die Retter für das vom Krieg verwüstete Afghanistan zu sein. Ihre Führung sah sich selbst nicht als politische Partei, sondern mehr als religiöse Bewegung, die den Weg für einen streng islamischen Staat bereiten wollte. »Talib« bedeutet religiöser Student. Ihre harte Auslegung des islamischen Gesetzes führte zu einem großen Anstieg von Menschenrechtsverletzungen. Die Strafen für Gesetzesübertretungen waren schrecklich: Steinigung für Ehebruch, öffentliche Amputation für Diebstahl. Frauen wurden von Bildung und Arbeit ausgeschlossen. Sie durften ihre Häuser nicht ohne einen männlichen Verwandten verlassen.

Nach dem Sturz des Taliban-Regimes war Abassin glücklich. Er dachte, dass er dank der Amerikaner zum ersten Mal in seinem Leben frei sein würde, frei von den brutalen Regeln der Taliban. »Die Taliban duldeten keine Musik, nicht privat zu Hause und nicht in der Öffentlichkeit. Ich liebe Hindi-Musik. Die Taliban erlaubten nur religiöse Musik. Es war auch streng verboten, zu filmen und zu fotografieren. Einmal wollte ich ins Kino gehen, aber sie hatten alle Kinos geschlossen, auch im Fernsehen gab es keine Filme mehr. Ich konnte nicht einmal mehr die alten amerikanischen Filme zu Hause ansehen. Es durften auch keine Kunstwerke gezeigt werden, die Personen darstellten«, erklärt er mir. Sofort fallen mir die weltweiten Proteste ein, als die Taliban im März 2001 ankündigten, die Buddhastatuen von Bamiyan zu zerstören. Auch der Protest der Islamischen Weltkonferenz konnte sie nicht daran hindern.

Abassin erinnert sich an eigene, grausame Erlebnisse: »Ich war in meinem Taxi und sah mir ein Buch an, das mir ein Freund geliehen hatte. Da wurde ich von den Wächtern der Taliban überrascht. Sie prügelten mich und drohten mir, wenn sie mich wieder bei einer unerlaubten Handlung erwischten, würden sie mich sofort ins Gefängnis bringen, und dann würde ich härter bestraft werden.«

Die Taliban hatten ihm das Leben verdorben, seine Jugend gestohlen. Sie hatten ihm das genommen, was er so sehr liebte. Die Hindi-Musik, die ihn träumen ließ, die Filme, die Abassin den harten Alltag vergessen ließen, den Überlebenskampf in einem der ärmsten Länder der Welt. Sie nahmen ihm die kleinen Fluchten, an denen er so hing. Viermal hatten sie ihn wegen verschiedener Vergehen ins Gefängnis geworfen. Über eines berichtet Abassin: »Ich bin nicht alt, und es gefällt mir nicht, einen langen Bart zu tragen. Deshalb habe ich meinen Bart gestutzt.« Die Taliban verlangten, dass sich die Männer Bärte wachsen ließen, weil dies ihrer Meinung nach im Sinne des Propheten Mohammed sei. »Ein anderes Mal haben sie mich bewusstlos geschlagen und ins Gefängnis gebracht, weil ich in meinem Taxi Musik gehört habe. Die Wächter waren überall und kontrollierten alles.« Damals entschloss er sich, nur noch zwischen den Gebetsstunden zu fahren und ohne Musik. Er vermied es, Frauen zu befördern. Unbegleitete Frauen zu transportieren oder solche, die nicht korrekt angezogen waren, war ebenfalls ein Vergehen, das bestraft wurde.

Die Taliban begingen gegenüber Frauen die brutalsten Menschenrechtsverletzungen, die man sich vorstellen kann, und das unter dem Vorwand, sie vor männlicher Belästigung zu schützen und ihre Ehre und Tugend zu bewahren. Die Frauen mussten mit zahllosen Einschränkungen leben. Das »Ministerium zur Pflege der Tugend und Unterdrückung von Lastern« schickte mit Peitschen bewaffnete Milizen durch die Straßen. Sie hielten nach Leuten Ausschau, die ihre Gesetze brachen.

Zu den schockierendsten Aufnahmen, die ich in meinem Leben gesehen habe, gehören die Bilder einer Frau, die 1999 im Sportstadion von Kabul hingerichtet wurde. In diesem Stadion fanden die öffentlichen Prügelstrafen, die Amputationen und auch die Hinrichtungen statt. Dieses Opfer wurde gezwungen, sich auf dem Elfmeterpunkt des Fußballfeldes hinzuknien. Dann schoss man ihr in den Hinterkopf. Das Publikum jubelte. Diese Aufnahmen wurden heimlich von außergewöhnlich mutigen Mitgliedern der »Revolutionary Association of the Women of Afghanistan« (RAWA) gemacht. Hätte man sie dabei erwischt, wären sie vermutlich selbst hingerichtet worden.

Ein Leben geprägt von Angst

Heute spielen Jugendliche Fußball im Stadion. Auf dem ehemaligen Terrain der Taliban-Justiz. Abassin dachte, dass es nichts Schlimmeres als die Taliban-Gesetze geben könnte, das heißt, bis er von den Amerikanern verhaftet wurde. Dann fand er heraus, was die amerikanische »Gerechtigkeit« ihm zu bieten hatte.

In Guantanamo bat er immer und immer wieder darum, ihn vor Gericht zu stellen, damit er ihnen beweisen könne, dass er nichts Falsches getan hatte. Sie hörten nicht auf ihn. Abassin meint zu mir: »Ich denke, dass die Amerikaner Beweise haben sollten, bevor sie jemanden inhaftieren. Sie sollten jemand nicht einfach so ins Gefängnis werfen. Was für eine Gerechtigkeit ist das? Wenn sie mir zugehört hätten, wäre ich nicht für über ein Jahr im Gefängnis geblieben. Sie sollten sich nicht wie die Taliban verhalten, die die Menschen erst töteten und dann Fragen stellten. Die Amerikaner hätten mich nicht festhalten und bestrafen dürfen, um dann endlich meine Unschuld zu erklären. Das ist ungerecht.«

Abassin hatte in seinem bisherigen Leben keine Chance, glücklich und nach seinen Vorstellungen zu leben. Als die Taliban das Land regierten und die Menschen unterdrückten, war jeder Tag geprägt von Angst. Bei allem, was er tat, wurde er überwacht, und überall, wo er war, konnte er kontrolliert werden: in der Moschee, im Taxi und auch zu Hause. So verlief jeder Tag. Und als endlich die Zeit der Taliban vorbei war, dauerte seine Freiheit nur kurz: Er kam unschuldig in Gefangenschaft der Amerikaner. Auch dort war jeder Tag geprägt von Angst. So wie unter den Taliban wurde er wieder überwacht: in seiner Zelle, beim Essen, wenn er zum Duschen gebracht wurde, wenn er betete, wenn er schlief. Er hatte Angst vor Strafen, Angst, sein Leben zu verlieren, wie unter den Taliban. Schließlich wurde er wieder entlassen. Aber sein Leben ist noch immer von Angst geprägt.

Seit Abassins Rückkehr nach Afghanistan wird das Leben von Tag zu Tag ein wenig besser. Die Frauen dürfen endlich wieder in die Schulen. Jetzt kann man Filme kaufen, Musik hören und sich das Gesicht rasieren. Zahllose Video- und Musikgeschäfte haben aufgemacht und verkaufen ihre Raubkopien. Der Kinoerfolg »Titanic« ist sehr beliebt in Afghanistan. Die meisten Menschen in diesem Land haben das Meer bisher nur im Film gesehen.

»Ich mag Filme. Ich mag ›Titanic‹. Ich mag Kate Winslet. Ich mag das Meer«, erzählt mir Abassin. Er besitzt den Film als Video und hat ihn sich immer wieder angesehen. Es befriedigt ihn, dass einige Passagiere trotz allem überleben. Das ist eine Metapher für sein Leben.

Auf seinem Flug nach Guantanamo war er an Händen und Füßen gefesselt, und über den Kopf war ein schwarzer Sack gezogen. Zwanzig Stunden dauerte die »Reise«. Er lag auf dem Boden, und seine Hände und Füße schmerzten unerträglich. Über seine Ankunft in Guantanamo berichtet er:

»Als ich an diesem Ort am Ende der Welt ankam, war ich zum ersten Mal außerhalb meines Landes. Ich war noch nie in der Nähe des Meeres gewesen. Es war so ein einsamer Ort, von allem abgeschnitten. Dann sah ich den Käfig, in dem ich leben sollte. Ich dachte, wenn die Amerikaner mich nicht erschießen würden, würden sie mich in diesem Käfig verrotten und sterben lassen.«

Im Gefängnis am Rande des Ozeans konnte Abassin das Meer riechen. Obwohl er so nah dran war, ahnte er, dass er es vielleicht niemals zu Gesicht bekommen würde. Viele Gefangene in Guantanamo Bay werden nie das Meer sehen.

Das Geschäft läuft schlecht am Taxistand. Die Fahrer vertreiben sich im Straßencafe die Zeit. Neben den Taxen steht eine Pferdekarre.

Während wir Abassin filmen, fällt mir ein, dass ich noch einen Apfel aus Deutschland in der Tasche habe. Ich beiße hinein und spucke das Stück sofort wieder aus. Es schmeckt fürchterlich. Ahmed und Abassin schauen mich ziemlich verwundert an. Ist das wohl eine britische Sitte, ist das die »feine englische Art«? »Sehr sauer«, erkläre ich. Doch dieses alte afghanische Pferd hat vermutlich noch nie einen gesehen, geschweige denn gefressen. Ich strecke ihm meine Hand mit dem Apfel entgegen, und es kommt ein paar Schritte auf mich zu, um ihn sich zu holen. »Du glückliches Pferd«, denke ich. Das Tier nimmt den Apfel, schüttelt für einen Moment den Kopf und spuckt ihn dann wieder aus. Anscheinend haben alle auf der Straße

zugeschaut. Alle Fahrer lachen. Auch Abassin lacht. Ich habe nie gedacht, dass ich das erleben würde. Für einen kurzen Moment ist er
ohne Sorgen.

Abassins Chef Habiborraman kommt auf mich zu. »Wollen wir Tee
trinken?« Wie könnte ich das Angebot ablehnen? Wenn die Afghanen einen mögen, tun sie alles, damit man sich wohl und geehrt fühlt.
Habiborraman ist ein gebildeter Mann mit einer traurigen Geschichte. Bevor die Taliban an die Macht kamen, war er Professor der Bio-
logie. Sie missbilligten seine wissenschaftlichen Lehrmethoden. Jetzt
betreibt er ein Taxiunternehmen. Habiborraman spricht ein gutes
Englisch, und er möchte mir etwas über Abassin erzählen. Noch bevor
er anfängt, strömen die Taxifahrer in den kleinen Aufenthaltsraum.
Einige sitzen im Schneidersitz auf dem Fußboden, andere haben es
sich auf einem alten Sofa bequem gemacht. Alle reden durcheinander.
Nur Abassin selbst sitzt abseits auf einem Stuhl an der Wand. Er ist
wieder ruhig und in sich gekehrt. Obwohl immer viele Menschen um
ihn herum sind, ist er einsam.

Habiborraman teilt uns seinen Eindruck von Abassin mit:

»Er ist physisch und psychisch angeschlagen. Er ist nicht mehr
derselbe, und seine Sehkraft ist geschwächt. Natürlich ist es hart, in
Guantanamo im Gefängnis zu sein. Es hat ihn verändert. Es würde
jeden verändern. Außerdem war er der Versorger seiner Familie und
machte sich Sorgen darüber, wie sie überleben würden. Er hatte keine
Vorstellung von seiner Zukunft und seinem Leben. Er ist nicht mehr
derselbe. Er ist traumatisiert.«

Während des Gesprächs sehe ich, dass Abassin seinen Kopf nach
unten gebeugt hat. Seine Augen sind geschlossen, nur seine Lippen
bewegen sich, er murmelt vor sich hin. Es sieht so aus, als würde er
beten. Was er hört, tut ihm weh, er fühlt sich wieder zurückversetzt
in seinen Albtraum. Die Männer beobachten ihn. Er merkt es und
steht auf, setzt seinen Fuß auf den Stuhl und zieht sein Hosenbein
hoch. »Sieh mal«, er zeigt auf seinen Knöchel. Ich erblicke eine breite

rote Narbe. Dann zeigt er den anderen Fuß. Auch hier sehe ich die gleichen Narben. Es sind die Narben der Fußketten.

»Meine Füße sind gezeichnet von den Ketten, die ich tragen musste. Sie waren sehr schmerzhaft. Auch meine Hände waren gefesselt. Davon habe ich heute Hautprobleme. Ich habe auch furchtbare Schmerzen in meinen Knien, da ich stundenlang auf dem Boden knien musste. Grelle Scheinwerfer leuchteten vierundzwanzig Stunden in meine Zelle. Meine Augen sind dadurch geschädigt, jetzt muss ich eine Brille tragen. Aber das Allerschlimmste in Guantanamo war, dass man nicht wusste, was mit einem geschehen würde. Was die Zukunft bringt, wann und ob man wieder freigelassen würde.«

Strafcontainer

Abassin will mir noch etwas zeigen. Mit Ahmed und mit meinem Kameramann fahren wir vor die Stadtgrenze von Kabul. Auf einem ehemaligen Feld werden Schiffscontainer verkauft. Abassin tritt in einen der Container und winkt mir, ihm zu folgen.

Drinnen sagt er mir: »In Guantanamo hatte ich Probleme mit meinen Knien, und ein Militärarzt meinte, ich solle bestimmte Übungen machen. Als ich das tat, befahl mir ein Wächter, damit aufzuhören. Ich habe ihn aber nicht verstanden. Er wurde wütend und hat mich bestraft. Fünf Tage musste ich in einem dunklen Container verbringen. Ich dachte, dass sie mich umbringen wollten, dass ich hier sterben würde.«

Als Abassin den Container verlassen hatte, nahm ich meine ganze Kraft zusammen und schloss die Tür des Containers von innen. Es war völlige Dunkelheit um mich. Ich versuchte mich zu orientieren. Ganz langsam tastete ich mich mit ausgestreckten Armen vor. Vorsichtig ging ich zum anderen Ende. Es waren ungefähr dreizehn Meter. Ich bewegte mich zur Seite, nach zwei Schritten stieß ich an die Seitenwand. Meine Augen hatten sich noch immer nicht an die Dunkelheit gewöhnt. Ich wollte schnell wieder zur Tür und hinausgehen, konnte aber nur kleine Schritte machen. Ich weiß nicht, ob ich Angst hatte hinzufallen oder ob ich befürchtete, dass sich die Tür von innen nicht mehr öffnen lassen würde. Vielleicht waren die anderen schon weitergefahren? Würde mich überhaupt jemand im Container suchen, wenn man mich vermisste? Während dieser wenigen Minuten im Container kamen mir die verrücktesten Gedanken. Ich verfiel in Panik und spürte, dass ich es keinen Augenblick länger hier aushalten würde. Überstürzt öffnete ich die Tür und tappte mit leicht zugekniffenen Augen zu meinen wartenden Begleitern. Die Sonne blendete meine Augen. Zum Glück hatte ich eine Sonnenbrille in der Tasche.

Die Zeit war gekommen, Kabul wieder zu verlassen.

2. Gefängnis unter Palmen

Rechtsfreier Raum

Am 13. November 2001, zwei Monate nach dem 11. September, unterzeichnete Präsident Bush eine »militärische Anweisung zur Inhaftierung, Behandlung und für den Prozess bestimmter Nichtstaatsangehöriger (der USA) im Krieg gegen den Terrorismus«.

Laut Abschnitt 3 dieser Anweisung »soll jede Person
a) an einem vom Verteidigungsministerium bestimmten geeigneten Ort außerhalb oder innerhalb der USA inhaftiert werden;
b) mit Menschlichkeit behandelt werden, ohne jede Benachteiligung aus Gründen der Rasse, der Hautfarbe, der Religion oder des Glaubens, des Geschlechts, der Geburt oder des Vermögens oder aus irgendeinem ähnlichen Grunde;
c) mit ausreichend Nahrung, Trinkwasser, einer Unterkunft, Kleidung und medizinischer Betreuung versorgt werden;
d) ihre Religion frei ausüben dürfen unter Berücksichtigung der Erfordernisse einer solchen Einrichtung ...«

Schon zwei Monate nach dieser Anweisung kam die erste Gruppe mit hundertzwanzig Gefangenen am 11. Januar 2002 im Camp X-Ray in Guantanamo Bay auf Kuba an. Die Bilder der orange gekleideten Männer, die gefesselt und mit verbundenen Augen vor den Wächtern knieten, gingen um die ganze Welt. Die Gefangenen kamen völlig desorientiert und erschöpft aus Afghanistan. Bevor sie die 12 800 km lange Reise antraten, wurden die Männer zwangsweise rasiert, angeblich als Vorsichtsmaßnahme gegen Läuse. Für die Gefangenen war es eine schreckliche Demütigung und Verletzung ihrer muslimischen Grundsätze. Während des über zwanzigstündigen Fluges trugen sie Augenbinden, Ohrenschützer, einen Mundschutz und dicke Fäustlinge. Während der gesamten Flugzeit waren sie an ihre Sitze gekettet und jeder Wahrnehmung beraubt.

Die Männer wurden in 2,45 x 2,45 m großen Drahtkäfigen mit Betonböden der sengenden Hitze ausgesetzt. Was die Weltöffentlichkeit nicht wusste, war, dass die Hütte für die Wachhunde neben den Käfigen der Gefangenen mit einer Klimaanlage ausgestattet war.

Ebenso waren die hygienischen Bedingungen für die Gefangenen katastrophal. Es gab keine Toiletten, die Gefangenen hatten in ihrer Zelle einen Eimer für die Notdurft. Fernsehaufnahmen zeigten Männer in Handschellen, Ketten und Fußfesseln, die mit kleinen Schritten von den Wachen geführt wurden. Einige Gefangene wurden auf Bahren gekettet und durch das Lager geschoben.

Nicht alle Gefangenen gingen davon aus, dass sie für eine lange Zeit dort bleiben würden. In einem Brief aus Camp X-Ray vom März 2002 schrieb der zwanzigjährige Murat Kurnaz, der so genannte »Bremer Taliban«, an seine Mutter: »Liebe Mutter, es geht mir gut. Macht euch keine Sorgen um mich. Ich bin nur in U-Haft. In Kürze werde ich hoffentlich zurückkehren.« Außer einer Postkarte vom August 2002 hat seine Mutter Rabiye Kurnaz keine weiteren Briefe erhalten. Der Anwalt Bernhard Docke, der von der Mutter eingeschaltet wurde, sagt dazu: »Alles, was ich von ihm weiß, weiß ich aus der Presse, von Nachrichtenagenturen, von Kollegen, die auch Mandanten dort in Guantanamo haben. Dies ist ein sehr besonderes Mandat. Die Besonderheit liegt darin, dass eine Kontaktsperre besteht. Ich komme an meinen Mandanten nicht heran. Wir können nicht kommunizieren.

Murat Kurnaz bekommt ja nicht einmal mitgeteilt, was ihm vorgeworfen wird. Es findet kein rechtsstaatliches Verfahren statt. Alle Bemühungen laufen vor eine verschlossene Tür.«

Der einzigartige rechtliche Status von Guantanamo Bay ist historisch bedingt.

Das erste Mal waren die Amerikaner 1898 in Guantanamo Bay, als ein Bataillon der Marine während des Kriegs gegen Spanien dort lagerte. Sie führten in Kuba einen Krieg, der das Ende der spanischen Kolonialmacht bedeutete. Guantanamo Bay hat einen der besten natürlichen Häfen der Insel, den die Amerikaner sich sichern wollten. Im Dezember 1903 wurde das ca. siebzig Quadratkilometer große Gebiet im Südosten Kubas als Marinestation an die USA verpachtet. 1934 wurde dieses Abkommen durch einen Vertrag nochmals bestätigt, in dem die unbegrenzte Nutzung des Landes für eine jährliche Zahlung von 4085 Dollar vereinbart wurde. Fidel Castro, der 1959 an die Macht kam, hat die Ansprüche der USA nie anerkannt und keinen der jährlichen Schecks eingelöst. Er betrachtet die Situation als illegale Besetzung. In einer Rede von 1962 in Santiago de Cuba sagte Präsident Castro: »Sie halten ein Stück unseres Landes, aber wir haben nicht auf unser Recht daran verzichtet. Wir werden ihnen den Stützpunkt nicht mit Gewalt wegnehmen, aber wir dürfen dieses Stück Land niemals aufgeben. Wir müssen es weiter zurückfordern, bis es an unser Land zurückgegeben wird. Außerdem ist der Stützpunkt ein Dolch im Herzen der kubanischen Erde. In diesem Lager kommt es jeden Tag zu Provokationen.«

Mittlerweile sind 3200 Soldaten in Guantanamo Bay stationiert. Ursprünglich diente der Stützpunkt zur Versorgung der Atlantikflotte mit Treibstoff und Vorräten. Heute dient er hauptsächlich als Gefängnislager für internationale Häftlinge. Der Ort ist gut abgeschirmt von kritischen Beobachtern und absolut ausbruchssicher. Für die Häftlinge ist es ein menschenrechtsfreier Raum. Sie können so lange festgehalten werden, wie die amerikanische Regierung das wünscht.

Da es sich nicht um amerikanisches Territorium handelt, sieht man sich nicht verpflichtet, die US-amerikanische Rechtsprechung anzuwenden. Die Häftlinge von Guantanamo stehen rechtlich außerhalb der regulären Verfahren des amerikanischen Rechtssystems.

Die juristische Strategie in Guantanamo

Die Hauptstrategie von Präsident Bush war, im Vorfeld abzuklären, dass die Gefangenen in Guantanamo zwar bestraft werden sollen, aber nicht vor ein amerikanisches Gericht gestellt werden müssen. Sein Ziel war es außerdem, die Gefangenen so lange festhalten zu können, wie er es für richtig hält. Es ging darum, dass sie auf unbestimmte Zeit als Informationsquelle zur Verfügung stehen sollen.

In Abschnitt 4 der Anordnung des Präsidenten heißt es:

»Jede Person, die unter diese Anordnung fällt, soll, wenn sie vor Gericht gestellt wird, für alle Vergehen, deren diese Person beschuldigt wird und die von einer Militärkommission verhandelt werden können, auch vor diese gestellt werden und nach anwendbarem Recht bestraft werden, einschließlich lebenslanger Haft und Todesstrafe.«

Das Rechtssystem der Militärkommission, nach dem die Prozesse geführt werden sollen, ist ganz nach dem Geschmack des Präsidenten. Diese Art von Prozess unterscheidet sich gravierend von einem zivilen Strafprozess und sogar von einem gewöhnlichen Militärgericht. Die Militärkommission wurde nach dem Vorbild der Tribunale eingerichtet, die Präsident Roosevelt vor über sechzig Jahren während des Zweiten Weltkriegs einberufen hatte, also noch vor der Festlegung der Genfer Konventionen im Jahr 1949. Die Bush-Administration hat zwei Präzedenzfälle des Obersten Gerichts ausgegraben, um diese Prozessform zu rechtfertigen. In beiden Fällen ging es um deutsche Staatsbürger.

Acht deutsche Saboteure, aufgeteilt in zwei Gruppen, kamen im

Juni 1942 mit deutschen U-Booten nach New York und Florida, um Sprengstoffanschläge durchzuführen. Einer von ihnen verriet ihre verdeckte Mission an das FBI. Alle wurden verhaftet.

Am 2. Juni berief Präsident Franklin Roosevelt eine spezielle Militärkommission ein, die über die Saboteure wegen Verstoß gegen das Kriegsrecht verhandeln sollte. Die Angeklagten argumentierten, dass der Präsident seine Befugnisse überschritten habe und sie einen Anspruch auf einen Prozess vor einem Zivilgericht hätten. Das Oberste Gericht bestätigte in diesem Fall die Rechte von Präsident Roosevelt.

Man unterschied zwischen »gesetzlichen« und »ungesetzlichen« Kämpfern: »Gesetzliche Kämpfer werden als Kriegsgefangene von gegnerischen Militärkräften gefangen genommen und inhaftiert. Ungesetzliche Kämpfer werden ebenso gefangen genommen und inhaftiert, darüber hinaus aber unterstehen sie im Prozess und bei der Bestrafung für ihre ungesetzlichen Kampfhandlungen einem Militärtribunal.«

Die deutschen Saboteure wurden als ungesetzliche Kämpfer eingestuft, denn »ein feindlicher Kämpfer, der heimlich und ohne Uniform die Linien durchbricht, um Krieg zu führen, indem er Leben und Eigentum zerstört, ist ein gängiges Beispiel für einen Kriegführenden, der allgemein nicht als Kriegsgefangener betrachtet wird, sondern gegen das Kriegsrecht verstoßen hat und sich deshalb vor einem Militärtribunal verantworten muss«.

Sechs der acht Saboteure wurden hingerichtet.

Der zweite Fall ereignete sich bereits nach der deutschen Kapitulation im Jahr 1945:

In China wurden einundzwanzig deutsche Staatsangehörige verhaftet. Man warf ihnen vor, Geheimnisse an die japanische Armee verraten zu haben, was einen Bruch der Auflagen der Siegermächte nach der deutschen Kapitulation bedeutet hätte. Sie kamen vor eine Militärkommission und wurden in der US-Besatzungszone in Deutschland zu Haft verurteilt. Eisentrager, der eine lebenslängliche

Haftstrafe erhalten hatte, reichte über einen amerikanischen Anwalt eine gerichtliche Anordnung eines Haftprüfungstermins am Bezirksgericht in Washington ein. Das Gericht sollte feststellen, ob die Verurteilungen rechtmäßig waren.

In der Verfügung des Obersten Gerichts im Fall Johnson gegen Eisentrager wurde die Beschwerde abgelehnt. Wesentlich für die Entscheidung war, dass keiner der Verurteilten in den USA gewesen war und deshalb auch nicht durch die amerikanische Verfassung geschützt war.

Präsident Bush stützte seinen Einsatz von Militärkommissionen auf diese beiden Entscheidungen.

Die Gefangenen von Guantanamo können ohne Anklage und Gerichtsverhandlung auf unbegrenzte Zeit festgehalten werden. Sie können bis Ende des »Krieges gegen den Terror« festgehalten werden. Aber dieser Krieg ist kein konventioneller Krieg gegen ein Land oder eine militärische Einheit. Es ist ein Krieg gegen etwas, was in den Köpfen der US-Administration formuliert war.

Wendy Patton von Human Rights Watch erklärt: »Hier haben wir ein System, in dem für alle Überprüfungen und Entscheidungen das Oberste Militär zuständig ist, vom Verteidigungsminister Rumsfeld bis möglicherweise hin zu Präsident Bush. Das heißt, dass der Präsident durch von ihm eingesetzte Leute die Legitimation als Ankläger, Richter, Geschworener und möglicherweise, da die Todesstrafe verhängt werden kann, als Henker erhält.«

Camp Delta

Die Zahl der Inhaftierten in Guantanamo schwoll an. Es war eine provisorische Einrichtung mit einer maximalen Kapazität für dreihundertzwanzig Gefangene. Es gab dringenden Bedarf, die Leute in eine größere Einrichtung zu überführen. Am 29. April 2002 wurden dreihundert gefesselte und angekettete Männer in ein acht Kilometer entferntes neu errichtetes Lager, »Camp Delta«, transportiert. Der Zaun um das Lager war mit einer grünen Plane bedeckt. Für die Gefangenen versperrt er die Sicht auf das Meer und von außen den Einblick ins Lager. Die neuen Gefängniszellen bestanden aus Schiffscontainern. Ein Container von ca. 13 x 2 m war in fünf Zellen von 2,40 m Länge, 2 m Breite und 2 m Höhe aufgeteilt. In jeder Zelle zeigte ein aufgemalter Pfeil in Richtung Mekka. An drei Seiten der Container war Maschendraht angebracht.

Einen Monat nach Errichtung von Camp Delta kam ein verschreckter, verängstigter und an Händen und Füßen angeketteter Abassin am Haupttor des Lagers an. Er sah Stacheldraht und Wachtürme, auf denen Soldaten mit geladenen Gewehren standen. Direkt über dem Eingang sah er ein großes Plakat mit der Aufschrift: »Honor Bound to Defend Freedom« – »Ehre verpflichtet, die Freiheit zu verteidigen«. Als das Tor sich hinter ihm schloss, sah er männliche und weibliche Wachsoldaten mit bissigen Hunden patrouillieren. Er bekam die notwendigen Gebrauchsgegenstände für einen Gefangenen:

Eine 2 cm dicke Schaummatte und eine Decke
Zwei Eimer (für Wasser und Abfall)
Ein Flakon aus Kunststoff
Zwei orange Overalls als Gefängniskleidung
Ein Paar Strandlatschen aus Gummi
Zwei Badetücher (eins als Gebetsunterlage,
    eins zum Abtrocknen)
Ein Waschlappen
Eine Tube Zahnpaste
Ein Stück Seife
Ein Beutel Shampoo
Eine Kopie des Korans

Das war nun alles, was Abassin besaß. Er schlief auf einer Stahlpritsche. Es gab eine Hock-Toilette und ein kleines Waschbecken mit fließendem Wasser.

Die Langeweile in der Zelle war enorm, unterbrochen nur von Verhören. Er konnte zu jeder Zeit in das Verhörzimmer gebracht werden, Tag und Nacht. In den Nachbarzellen der Schiffscontainer gab es andere Männer, deren Sprache Abassin nicht verstand. Aus Sicherheitsgründen wurden unterschiedliche Nationalitäten zusammengebracht, damit keine heimlichen Absprachen getroffen werden konnten. In Camp Delta waren neben Abassin über sechshundertachtzig Männer aus über vierzig Ländern eingesperrt.

3. Die Geschichte von Murat Kurnaz

Murat Kurnaz war erst neunzehn, als er verhaftet wurde. Seine Mutter Rabiye ist in großer Sorge um ihren Sohn. Das letzte Mal, dass sie von ihm gehört hat, war im März 2002. Und diese Postkarte verriet nicht viel.

»Gottes Gruß sei mit euch. … Ich hoffe, es geht euch gut. Mir geht es gut, aber wann ich zurückkomme, liegt in Gottes Hand. Wenn Gott es wünscht, bin ich heute oder nächstes Jahr bei euch. Gott weiß alles. Gott gibt uns, was uns Segen bringt.«

Die göttliche Vorsehung hat bislang noch nicht erkennen lassen, ob und wann Murat entlassen wird. Vielleicht hat Gott die Haftbedingungen für Murat verbessert, vielleicht aber auch nicht. Sicher ist allerdings, dass Murat in ein »besseres« Gefängnis verlegt wurde. In Camp X-Ray vegetierte er in einer Zelle, die nur als offener Käfig beschrieben werden kann, unter der sengenden tropischen Sonne. In Camp Delta hat er eine geschlossene Zelle in einem Connex-Transportcontainer. Dort gibt es immerhin eine Toilette, ein Loch im Boden und ein kleines Waschbecken. Er hat eine Ausgabe des Koran, in der er den ganzen Tag lesen kann. Vielleicht liebt Gott ihn, vielleicht aber auch nicht. Murat kann vor eine Militärkommission gestellt werden und dort sogar zum Tode verurteilt werden.

Drei Wochen nach dem 11. September verließ Murat seine Familie in Bremen. Er ging, ohne sich zu verabschieden, und weder seine Eltern noch seine zwei jüngeren Brüder wussten, wohin er wollte. Seine Mutter Rabiye erinnert sich daran, dass Murat oft davon gesprochen hatte, nach Pakistan zu gehen. Und oft sagte er seiner Mutter, dass man nicht viel Geld brauchte, um dort zu leben, dass sie dort alle zusammen in einer »riesigen Villa« leben könnten. Und dass das Leben dort viel besser sei als in Deutschland. Er sagte, dass Pakistan ein Ort sei, wo man den »wahren Islam« erleben könne. Rabiye hatte das Gefühl, dass jemand ihrem leicht zu beeinflussenden Sohn Ideen und Träume in den Kopf gesetzt hatte.

Rabiye Kurnaz wusste auch, dass Murat diese Träume und seine Hingabe zum Islam mit seinem besten Freund Selcuk B. teilte. Sie rief seine Frau an, die ihr erzählte, dass Murat zusammen mit ihrem Mann nach Pakistan gegangen sei. Außerordentlich besorgt ging Rabiye Kurnaz zur Polizei, wo sie herausfand, dass Murat tatsächlich einen Flug nach Karatschi genommen hatte. Wie das Schicksal es wollte, war Selcuk die Ausreise aus Deutschland verweigert worden. Bei der Überprüfung seines Passes war aufgefallen, dass er ein Bußgeld nicht beglichen hatte, und so wurde er vor der Abreise festgenommen. Murat ging allein auf seine »spirituelle« Reise.

Einen Monat später, im November, rief Murat seine Mutter an und sagte ihr, dass er längere Zeit in Pakistan bleiben wolle. Das war das letzte Mal, dass sie mit ihm gesprochen hat. Anschließend wurde er in Karatschi verhaftet, um dann den Amerikanern übergeben zu werden. Er wurde beschuldigt, ein Taliban-Kämpfer zu sein, und nach Camp X-Ray, Guantanamo, gebracht.

Seine Mutter ist völlig fassungslos über die Zustände in Guantanamo: »Wozu müssen die knien, warum, mit Handschellen, mit Fußketten, ich meine, die können sich gar nicht mal bewegen. Wieso behandeln sie die Gefangenen so? So wie Tiere, ich verstehe das nicht. Natürlich mache ich mir jeden Tag und jeden Abend Sorgen. Ich bete dafür, dass er so schnell wie möglich dort rauskommt. Ich weiß, dass er wirklich unschuldig ist.«

Meine Recherchen führen mich zu Bernhard Docke, dem Rechts-
anwalt, der die Familie Kurnaz vertritt. Er kennt Murat nur von den
Fotos, die Rabiye Kurnaz ihm gezeigt hat. Bernhard Docke hat bereits Erfahrung mit Todesstrafeprozessen in den USA, aber dieser Fall
ist anders als die anderen. Er vertritt jemanden, den er nicht treffen
kann, dessen Anklage er nicht einmal kennt. Wahrhaftig eine große
Herausforderung für den Anwalt.

Er erklärt mir: »Frau Kurnaz kam etwa ein halbes Jahr, nachdem ihr
Sohn inhaftiert worden war, zu mir. Sie ist einfach überall gescheitert
mit ihren Bemühungen, mehr Informationen zu bekommen und in
irgendeiner Weise das Schicksal von Murat beeinflussen zu können.
Das Problem bei Murat ist, dass er nicht die deutsche Staatsangehörigkeit hat. Er ist hier geboren und hier aufgewachsen. Das reicht aber
nach unserem Staatsangehörigkeitsrecht nicht, dass er damit auch
automatisch die deutsche Staatsangehörigkeit hat. Er hätte sie bean-
tragen können. Das hat er aber, bevor er Deutschland verlassen hat,
nicht getan. Er hat die türkische Nationalität. Die Amerikaner sagen
den deutschen Behörden, was kümmert ihr euch um Murat Kurnaz,
der ist gar nicht euer Staatsangehöriger. Von daher ist die deutsche
Seite auch konsularisch nicht in der Pflicht, sondern die türkische
Seite, das türkische Außenministerium. Die müssen gegenüber den
Amerikanern aktiv werden. Die müssen sich um das Schicksal von
Murat Kurnaz kümmern.«

Eine behütete Kindheit

Im Gespräch mit der Mutter gewinne ich den Eindruck, dass Murat
eine glückliche Kindheit hatte. Als ältester Sohn der Familie wurde
er verwöhnt von seinen Eltern, die ihn über alle Maßen liebten. Sie
sind gesetzestreue türkische Einwanderer, die eine große Wohnung
in einem dreistöckigen roten Backsteinhaus in Bremen-Hemelingen

bewohnen. Murats Vater arbeitet schon mehr als zehn Jahre in der Nachtschicht bei Mercedes Benz, so dass er das Haus abends um 11:00 Uhr verlässt und morgens um 7:00 Uhr zurückkehrt. Er hat immer hart gearbeitet, um seiner Familie ein schönes Leben bieten zu können.

Murat war in jeder Hinsicht ein Kind des Landes, das seine Eltern als neue Heimat gewählt hatten. Deutsch ist seine Muttersprache. Er ging zur Schule und hatte deutsche Freunde und Freundinnen. Das Einzige, was ihn von seinen deutschen Mitschülern unterschied, waren die Besuche der Moschee zusammen mit seinem Vater.

Nach der Schule begann er eine Lehre als Schiffbauer. Während der Ausbildung begann Murat sich zu verändern. Er wurde religiös und ein frommer Muslim. Anstelle der Milli-Görüs-Moschee, in die er mit seinem Vater gegangen war, besuchte er nun die marokkanische Abu-Bakr-Moschee, in der der Koran in Arabisch gelehrt wird. Es schien, als hätte Murat gefunden, was er immer gesucht hatte. Eine religiöse Ausrichtung seines Lebens, die ihn mit Leidenschaft erfüllte. Er musste sich nun nur noch vor Gott rechtfertigen und sonst vor niemandem. Er wollte Gott unter allen Umständen gefallen. Aber wie hätte Gott zufrieden sein können, wenn überall in der Welt die muslimischen Brüder leiden mussten? Murat wurde härter. Er fing an, Gewichte zu heben, und zusammen mit seinem Freund Selcuk interessierte er sich plötzlich für Kampfhunde und mehr und mehr für den Koran. Er begann Videos über angebliche serbische Grausamkeiten gegen Muslime im Bosnienkrieg in seinem Fitnessstudio zu verkaufen. Kurz darauf wurde er aus dem Studio ausgeschlossen. Er brachte Videos mit nach Hause, in denen das schreckliche Leiden der Muslime in Tschetschenien zu sehen war. Seine Eltern waren über ihren Sohn zunächst nur verwundert. Sie nahmen aber an, dass es nur eine Phase der Rebellion sei, die ja viele Teenager durchmachen. Besser ist es, ihn in Ruhe zu lassen, war ihre Devise. Vielleicht war das die falsche Einstellung.

Familienfotos

An ihrem kleinen Kaffeetisch zeigt uns Rabiye Kurnaz Fotos von ihrem Sohn. Sie will über Murat sprechen. Es gibt eine ganze Reihe von Bildern, auf denen Murat mit Familie und Freunden zu sehen ist. Ein leicht pausbäckiger Murat mit acht Jahren zwischen seinen Eltern bei einer Hochzeit. Ein lachender, sorgfältig gestriegelter Murat in Anzug und Krawatte auf den Knien seines Onkels. Murat am ersten Schultag mit seiner Schultüte und einem strahlenden, unbekümmerten Gesicht, seine Eltern blicken stolz auf ihren Sohn.

Frau Kurnaz berichtet, dass Murat bei seinen Kameraden sehr beliebt gewesen sei.

Ein Bild weckt meine besondere Aufmerksamkeit: Murat während seiner Lehre zusammen mit seinen deutschen Kollegen. Er ist siebzehn Jahre alt und steht in einem blauen Overall in der Mitte der Gruppe. Ungefähr fünfzehn Personen umgeben ihn. Alle lächeln. Es sieht aus, als hätten sie ihn bewusst in ihre Mitte gestellt. Sie mögen ihn. Er ist jung und ein gutaussehender Mann. Ungefähr 1,80 Meter groß mit leicht rötlichen Haaren und blauen Augen. Diese Augen könnten ihn in Schwierigkeiten gebracht haben, denke ich. In Pakistan dürfte er damit aufgefallen sein.

Auf dem letzten Bild, das von Murat gemacht wurde, trägt er einen gepflegten Bart, der sein sensibles Gesicht verdeckt. Ich sage Frau Kurnaz, dass ihn der Bart sehr verändert.

»Als er sich einen Bart wachsen ließ, da habe ich ihn gefragt: ›Murat, wozu der Bart, du bist noch so jung.‹ Und er hat gesagt: ›Mama, der Bart steht mir doch gut. Viele lassen sich einen Bart wachsen.‹«

Aufbruch ohne Abschied

Ich bitte darum, Murats Zimmer sehen zu dürfen, und seine Mutter führt mich hinunter in einen hellen Keller.

Im Raum steht eine Langhantelbank mit schweren Gewichten. Sein Bett ist gemacht. In den Regalen stehen grüngebundene Bücher über den Islam. Es wird Zeit, über den Tag zu sprechen, an dem er ging. Was ist passiert?

»Wissen Sie«, sagt die Mutter, »es war am 3. Oktober, ich ging an Murats Zimmer vorbei. Die Tür stand offen, und ich sah ins Zimmer. Ich guckte auf sein Bett und sah, dass es unberührt war. Er hat gar nicht darin geschlafen. Es war so gegen 10 Uhr. Da habe ich mich auf die Suche nach ihm gemacht.«

Rabiye Kurnaz wandte sich an die Polizei und erfuhr drei Tage später, dass ihr Sohn nach Pakistan geflogen sei. Sie erzählte, dass er ihr immer wieder von diesem Land vorgeschwärmt habe: »›Mama, in Pakistan kann man ein gutes Leben haben, da soll es nicht so teuer sein.‹ Jemand hat ihm das wahrscheinlich so erzählt. Er war so gutgläubig. ›Sag mal, spinnst du? Wir haben unsere Arbeit hier, und du machst eine Ausbildung‹, habe ich gesagt, ›dort kannst du ja gar nichts.‹ Er hat gesagt: ›Nein, Mama, ich baue mir eine große Farm auf.‹ Er hatte immer den Wunsch, Farmer zu werden.«

Das islamische Umfeld

In Deutschland leben fast 3,2 Millionen Muslime. Die meisten von ihnen stammen aus der Türkei. Nach den Anschlägen auf das World Trade Center wuchs in der Bevölkerung das Misstrauen gegen die hier lebenden Muslime. Über die Nachrichten konnte man erfahren, dass einige der Entführer in Hamburg gelebt hatten. Dass sie ihren furchtbaren Plan auf deutschem Boden ausgeheckt hatten. Einige

Muslime wurden bedroht, und vereinzelt kam es sogar zu Angriffen auf Moscheen. Die deutsche Regierung verschärfte die Sicherheitsgesetze. Während der Freitagsgebete wurden Moscheen durchsucht, wodurch es zu Feindseligkeiten mit den gesetzestreuen muslimischen Gemeinden kam. Viele Muslime fühlten sich durch die deutsche Gesellschaft zum Sündenbock gestempelt. Als bekannt wurde, dass der neunzehnjährige Murat Kurnaz zu den Gefangenen in Camp X-Ray gehörte, gaben ihm die Medien den Namen »Bremer Taliban«. So wurde er in Deutschland und Guantanamo abgestempelt, ohne Möglichkeit, sich zu verteidigen. Es ist kein Wunder, dass viele in der Gemeinde empfindlich auf das Verhalten ihres Gastlandes reagierten. In dieser Atmosphäre des Misstrauens möchte ich nun versuchen, mehr über Murat herauszufinden.

Mein erster Weg führt mich zur Milli-Görüs-Moschee in Bremen-Hemelingen, ganz in der Nähe des Hauses der Familie Kurnaz. Es ist Freitag. Wir beginnen, die Moschee von außen zu filmen. Keine gute Idee. Während wir drehen, kommen die Gläubigen aus der Moschee. Ein Mann mit einem großen Bart beschwert sich bei uns. Ich spreche einige der Gläubigen auf Murat Kurnaz an. Einer sagt: »Murat ging zu einer unglücklichen Zeit nach Pakistan. Bei einem religiösen, europäisch aussehenden Muslim, der kurz nach dem 11. September nach Pakistan geht, fragen die Amerikaner nicht, was Murat in der Koranschule gemacht hat. Sie nehmen dich einfach fest und werfen dich ins Gefängnis.« Ein anderer erzählt mir, dass er »über zwei Jahre lang den Koran in Syrien studiert hat und dass es für viele nicht ungewöhnlich ist, wenn jemand den Koran in einem fremden Land studieren möchte«.

Nach dem 11. September bekam die Milli-Görüs-Moschee ungewollt große Aufmerksamkeit. Über Murat wurde sie mit der Abu-Bakr-Moschee in Verbindung gebracht, die unter Beobachtung des Verfassungsschutzes stand.

Rabiye Kurnaz ist überzeugt, dass jemand von der Abu-Bakr-

Moschee ihrem Sohn das »Gehirn gewaschen hat«: »Jemand hat ihm ein Flugticket gekauft. Das war ein Marokkaner. Murat hat nicht viel erzählt, er hat nur gesagt, er hieße Ali und dass er Murat helfe, den Koran auszulegen. Ich glaube, er hat Murat zum Flughafen gefahren. Die Kripo hat auch herausgefunden, dass der Marokkaner Murats Flugticket mit einer Visakarte bezahlt hat. Murat hatte ja nicht so viel Geld.«

Nach Murats Verhaftung wurde u. a. gegen einen Vorbeter der Abu-Bakr-Moschee durch die Staatsanwaltschaft ermittelt. Man nahm dort an, dass der Imam junge Muslime dazu ermutigte, sich militanten Koranschulen in Pakistan anzuschließen.

Vom Anwalt Bernhard Docke erfahre ich:

»Es gilt als erwiesen, dass Murat Kurnaz hier in Bremen Kontakte zu einer radikal islamischen Moschee hatte. Die Staatsanwaltschaft Bremen geht auch davon aus, dass Murat nach Karatschi gereist ist, um von dort aus Kontakt mit den Taliban aufzunehmen und den Taliban im Kampf gegen die Amerikaner zu helfen. Er selber hat seiner Familie gegenüber angegeben, dass er eine Koranschule in Pakistan besuchen wollte. Welche der beiden Versionen richtig ist, kann ich nicht sagen. Beides ist denkbar. Die Ermittlungsakten, falls die Amerikaner überhaupt welche haben, liegen mir nicht vor. Mit Murat Kurnaz selber kann ich darüber auch nicht sprechen, da – wie gesagt – Kontaktsperre besteht.«

Bernhard Docke bezweifelt jedoch, dass Murat Kurnaz in die Region gereist ist, um gegen die Amerikaner zu kämpfen: »Er hatte, wie hier umfangreiche Ermittlungen gezeigt haben, keinerlei Verbindung in Richtung Al-Qaida oder irgendwelcher terroristischer Gruppen. Er hatte keine Militärausbildung, und er konnte weder Englisch noch Arabisch. Vor dem Hintergrund halte ich eine Verstrickung von Murat Kurnaz in bewaffnete Auseinandersetzungen in Afghanistan für ausgesprochen unwahrscheinlich.«

Amtshilfe

Es war sehr wahrscheinlich eine verhängnisvolle Bemerkung am Frankfurter Flughafen, die zur Verhaftung von Murat Kurnaz in Pakistan führte.

Wie bereits erwähnt, wurde sein acht Jahre älterer Freund, Selcuk B., am Flughafen festgehalten, weil er eine Geldbuße nicht bezahlt hatte. Murat saß im Warteraum, wartete auf die Maschine nach Karatschi und hoffte, dass er nicht allein fliegen müsste. Die Zeit wurde knapp bis zum Abflug. Der Bundesgrenzschutzbeamte rief den Bruder von Selcuk an, um ihn zu fragen, ob er die Geldstrafe für Selcuk bezahlen wolle. Der Bruder lehnte ab, aber der Beamte wurde hellhörig, als er die Begründung hörte. Er notierte die Aussage:

»Mein Bruder folgt einem Freund nach Afghanistan, um dort zu kämpfen. Er wurde in einer Bremer Moschee heiß gemacht. Meine Familie kann diesen Schritt nicht verstehen, wir sind dagegen, dass er nach Pakistan fliegt. Mein Bruder ist kein schlechter Mensch. Er hat eine Frau und ein Baby.«

Aufgrund dieser Aussage begann die Bremer Staatsanwaltschaft eine großangelegte Untersuchung hinsichtlich einer illegalen oder kriminellen Vereinigung. Später verwarfen die Fahnder die These, dass Murat Teil einer Zelle Bremer Muslime gewesen war, die in Deutschland für den Kampf mit den Taliban trainierten.

Am Frankfurter Flughafen, drei Wochen nach dem Attentat vom 11. September, arbeiteten der Bundesgrenzschutz und das Bundeskriminalamt mit Vertretern des FBI zusammen. Zu dieser Zeit waren auch FBI-Beamte in Pakistan, die wiederum mit dem pakistanischen Geheimdienst »Inter-Services Intelligence« (ISI) kooperierten.

Im Dezember 2004 gelang es mir, in Karatschi den Weg von Murat seit seiner Ankunft in Pakistan zu rekonstruieren. Seine Mutter hatte mir erzählt, dass ihr Sohn nach Pakistan wollte, um den »wahren Islam« kennen zu lernen. Er wollte verschiedene Moscheen aufsuchen, um dort den Koran zu studieren. In der Bremer Abu-Bakr-Moschee, die Murat regelmäßig besucht hatte, waren laut Bundesverfassungsschutz die Anhänger der Ende der zwanziger Jahre in Indien gegründeten Tabligh-i Jama àt (TJ) tätig.

Heinz Fromm, Präsident des Bundesamtes für Verfassungsschutz (BfV), erklärte auf meine Anfrage: »Bei der TJ handelt es sich um eine missionarisch tätige Glaubensbewegung, die für eine sunnitisch-orthodoxe Auslegung des Islam eintritt. Teilnehmer an Schulungslehrgängen der TJ in Pakistan sollen vereinzelt durch arabische Mudschahedin für eine militärische Ausbildung in afghanischen Camps angeworben worden sein.«

Nach dem 11. September waren die Koranschulen der TJ in Pakistan unter besonderer Beobachtung. Ausländer waren bei dieser islamischen Missionsbewegung besonders willkommen. Sie erhielten freie Unterkunft und konnten ihre Glaubenslehre studieren. Wahrscheinlich hat Murat Kurnaz auch in einer Moschee von TJ übernachtet, was noch nicht bedeuten muss, dass er ein radikaler Islamist oder gar Terrorist ist.

Ich hatte Gelegenheit, mit einem pakistanischen Journalisten zu sprechen, der sich mit dem Terrorismus in Pakistan beschäftigt. Er sagte mir: »Ich wäre nicht überrascht, wenn die Tabligh-i Jama àt Ausländer oder Muslime aus aller Welt unterstützen würden. Sie glauben, dass der Dschihad, der heilige Krieg, die einzige Art ist, gegen den Feind zu kämpfen, um die Amerikaner zu besiegen. Sie betrachten die Amerikaner als die Besatzer in Afghanistan.«

Murat Kurnaz kam unmittelbar vor Beginn des Afghanistan-Krieges in Pakistan an. In den achtziger Jahren waren 25 000 militante Islamisten von pakistanischen und amerikanischen Agenten im Kampf gegen die sowjetischen Besatzer in Afghanistan unterstützt worden.

Nun befürchteten die amerikanische und die pakistanische Regierung, dass viele ausländische Islamisten von Pakistan aus die Taliban und die Al-Qaida unterstützen würden. FBI-Agenten waren nach dem 11. September verstärkt in Pakistan tätig. Es gab drei Zentren: Peshawar, Karatschi und Islamabad.

Durch meinen Kontaktmann in Pakistan erhielt ich die Möglichkeit, mit Moin Du-Din Haider, dem ehemaligen Minister für innere Angelegenheiten und Vier-Sterne-General, zu sprechen. Ich fragte ihn direkt, ob es sein könne, dass der amerikanische Geheimdienst von Frankfurt aus den pakistanischen Geheimdienst über die Reise von Murat Kurnaz informiert und um Unterstützung gebeten hat.

Er erklärte mir, dass es damals für einen Ausländer in Pakistan gefährlich war, sich frei im Land zu bewegen. »Es ist nicht ausgeschlossen, dass das FBI in Frankfurt dem FBI in Pakistan einen Hinweis gegeben hat. Wir hätten dann nach diesem Mann gefahndet, gerade nach dem 11. September, als die Sicherheit an den Flughäfen verstärkt worden war. Alle, die hierher flogen, waren speziell überprüft worden.«

Als ich ihm von Murat Kurnaz erzählte, meinte er: » Ich begreife nicht, warum ein neunzehnjähriger Junge in ein Land fliegt, in dem es damals so gefährlich war. Ich denke, er suchte Abenteuer. Und wenn jemand Abenteuer sucht, dann sucht er Schwierigkeiten.«

Über meinen pakistanischen Begleiter bekam ich die Gelegenheit, die Abu-Bakr-Moschee in Karatschi zu besuchen. Tatsächlich gab es in dieser Koranschule auffällig viele Ausländer, die hauptsächlich aus Indonesien und Nigeria stammten. Der Leiter erzählte mir voller Stolz, dass viele der Schüler den Koran wortwörtlich auswendig kennen. Außerdem sagte er mir, dass die TJ-Gruppierung in Pakistan über 10 000 Koranlehrer hat.

Zunächst allerdings begegnete man mir mit großem Misstrauen: Aufgrund von Zeitungsberichten neigen die Verantwortlichen in den TJ-Moscheen dazu, in jedem weißen Europäer einen FBI-Agenten zu sehen.

Murat Kurnaz war wahrscheinlich seit seiner Ankunft unter Beobachtung. Man wollte herausfinden, welche Kontakte er in Pakistan hat und welche Personen er dort trifft. Für Murat war die TJ-Moschee sicher nur eine Adresse zur Übernachtung, da er in Bremen Leute von dort kennen gelernt hat. Nach seiner Verhaftung in Pakistan durch den pakistanischen Geheimdienst wurde er an die Amerikaner ausgeliefert. Er wurde nicht von Pakistan nach Guantanamo gebracht, sondern kam über einen der amerikanischen Stützpunkte in Afghanistan dorthin. Wegen der bilateralen Beziehungen war es nicht möglich, Gefangene von Pakistan aus zu verschleppen.

Die Tatsache, dass Murat Kurnaz nicht die Möglichkeit hatte, sich vor der pakistanischen Justiz zu verantworten, stört noch heute den ehemaligen pakistanischen Innenminister Moin Du-Din Haider: »Das ist nicht der korrekte Weg. Wenn es einen Verdacht gibt, dann müssen wir zuerst die Vorwürfe prüfen. Nachdem wir den Verdächtigen verhaftet haben, bringen wir ihn vor Gericht in Pakistan, wo untersucht werden muss, ob er eine Straftat begangen hat und ob er in diesem oder jenem Land gesucht wird. Erst dann wird eine Auslieferung angeordnet. Das wurde in diesem Fall nicht getan. Das ganze Procedere wurde verkürzt.«

So kam Murat Kurnaz nach Guantanamo Bay.

Rabiye Kurnaz ist eine sehr starke Frau. Sie kämpft energisch für die Freilassung ihres Sohnes. Aber Murat befindet sich nicht nur in einem rechtlichen Niemandsland, sondern auch in einem diplomatischen. Während sie versuchte herauszufinden, was wirklich mit ihrem Sohn passiert ist, hat sie gleichzeitig Brief um Brief an deutsche Politiker geschrieben. Auf ihren Brief an Außenminister Joschka Fischer erhielt sie eine bedauernde Antwort. Er erklärte, dass er machtlos wäre, aber gerne alles versuchen würde, was ihm möglich sei. Murat Kurnaz ist türkischer Staatsangehöriger.

Frau Kurnaz hat das türkische Konsulat in Bremen mit unzähligen Anrufen bombardiert. Auch mit der türkischen Botschaft in Berlin steht sie in ständigem Kontakt.

Als sie uns ihre Erfahrungen schildert, wird sie wütend: »Sie sagen, sie werden sich kümmern, aber sie tun nichts, gar nichts.

Er sei türkischer Staatsbürger und sie können hier nichts machen. Natürlich können sie was machen. Er ist hier geboren, er ist hier groß geworden, er ist hier zur Schule gegangen, er hat seine Kindheit und sein ganzes Leben hier in Deutschland verbracht.«

4. Washington

Am 3. Juli 2003 kündigte das Pentagon an, dass sechs der sechshundertachtzig Guantanamo-Häftlinge vor ein Militärgericht gestellt werden. Sie waren die Ersten, auf die Präsident Bushs bereits zwei Jahre zuvor unterzeichnete »militärische Anweisung zur Inhaftierung, Behandlung und für den Prozess bestimmter Nichtstaatsangehöriger im Krieg gegen den Terror« angewandt werden sollte. Zwei der Häftlinge, denen ein Prozess und damit eventuell sogar die Todesstrafe drohte, waren Briten: Feroz Abbasi und Moazzem Begg. Die Ankündigung, dass die Prozesse vor einer Militärkommission stattfinden sollten, löste weltweit Proteste aus. Hauptgrund für die Kritik war der Verstoß gegen ein elementares Prinzip eines jeden Rechtsstaates: das Recht auf einen fairen Prozess. Die geplanten Prozesse verstoßen gegen internationale Rechtsnormen, weil die vermeintlichen Terroristen vom Pentagon angeklagt, vom Pentagon verteidigt und vom Pentagon verurteilt werden sollen, weil gegen Urteile – auch Todesurteile – keine Berufung eingelegt werden kann und sogar Freigesprochene weiter als »gefährliche Kämpfer« unbegrenzt in Haft gehalten werden können.

Bernhard Docke, der Anwalt von Murat Kurnaz, erklärt dazu:

»Die Militärkommissionen sind zusammengesetzt aus Militärangehörigen, auch die Ankläger, auch die Verteidiger sind Militärangehörige, das heißt, alle sind in einer militärischen Befehlsschiene. Die Unabhängigkeit der Verteidigung und der Justiz sind da nicht gewahrt. Es gelten für diese Verfahren anspruchslosere Beweismaximen, es können auch Beweismittel verwertet werden, die für einen amerikanischen Prozess, also einen Prozess in den USA selber nicht genügen würden, z. B. Zeugen vom Hörensagen. Es gibt gegen diese entscheidende Militärkommission keine Berufungsmöglichkeiten zu Zivilgerichten und die Strafgewalt dieser Militärkommission geht bis zur Todesstrafe.«

Angesichts dieser Vorwürfe beschloss ich nach Washington zu reisen, dem Zentrum der politischen und militärischen Macht der USA, um mehr über die bevorstehenden Prozesse vor den Militärkommissionen herauszufinden. Dazu musste ich ins Pentagon gelangen. Nach einem »Telefon-Marathon« gelang es mir, einen Termin bei Major John Smith, dem Leiter der Militärkommissionen, zu bekommen.

Die Sicherheitsvorkehrungen im Pentagon sind sehr streng. Am 11. September 2001 schlug um 9:41 Uhr eines der entführten Flugzeuge hier ein und tötete mehr als zweihundert Menschen. Hier wird man kaum Sympathien für die Häftlinge in Guantanamo Bay finden. Am Eingang traf ich auf den Pressesprecher, der mich nach einem sorgfältigen Sicherheitscheck in den Medienraum führt. Das Pentagon wird als Miniaturstadt beschrieben. Hier arbeiten ca. 23 000 Menschen, die über unzählige und für Fremde verwirrende Verbindungskorridore schnell in alle Abteilungen gelangen können. In diesem Zentrum der Macht werden die wichtigsten Entscheidungen im Kampf gegen den Terror getroffen. Major John Smith, der Sprecher der Militärkommissionen, ist Offizier der amerikanischen Luftwaffe. Er ist Jurist, hat ein sicheres und sehr höfliches Auftreten. Auf jeden Fall ist er im Umgang mit Journalisten trainiert. Seine Antworten sind präzise, und er lässt sich nicht aus der Ruhe bringen. Ich fragte ihn nach dem Grund, warum Menschen in Guantanamo Bay gefangen gehalten werden.

Seine Erklärung ist kurz und bündig: »Die Verwahrung ungesetzlicher Kämpfer, das sind diejenigen, die gegen die USA kämpfen, geschieht, um sie daran zu hindern, weiter gegen die USA zu kämpfen. Nicht zur Strafe, es geht nur darum, dass wir niemanden freilassen wollen, der sich morgen eine Waffe nimmt und wieder gegen uns kämpft. Wenn es sich herausstellt, dass jemand vielleicht Kriegsverbrechen begangen hat, sind Militärkommissionen wohl der richtige Weg, um jenen Personen Gerechtigkeit widerfahren zu lassen.«

Ich hake nach: »Werden die Militärkommissionen Ihrer Meinung nach in Einklang mit der Genfer Konvention geführt?«

Er erwidert: »Die Militärkommissionen und die Verwahrung von ungesetzlichen Kämpfern entsprechen den Genfer Konventionen. Der Präsident hat nach der Betrachtung der Häftlinge entschieden, dass ihnen nicht der Status des Kriegsgefangenen verliehen werden kann. Zum einen ist Al-Qaida kein Staat. Sie sind nicht Teil des Abkommens. Zweitens haben die Taliban eine Miliz. Man muss aber bestimmten Regeln folgen. Man muss den Kriegsregeln folgen. Man muss sich deutlich kennzeichnen. Man muss seine Waffen offen tragen, und man braucht einen Befehlshaber, der für seine Untergebenen verantwortlich ist. Auf Al-Qaida trifft das alles nicht zu. Die Konvention bezog sich auf Afghanistan. Die Taliban erfüllen nicht die Kriterien von Kriegsgefangenen.«

Frage: »Es wurde Besorgnis darüber geäußert, dass die Gespräche zwischen den Verteidigern und ihren Mandanten aufgezeichnet werden können, was gegen den Grundsatz der Vertraulichkeit zwischen Anwalt und Mandant verstoßen würde. Können Sie etwas dazu sagen?«

Antwort: »Nichts, was ein Angeklagter zu seinem Anwalt sagt, wird gegen ihn verwendet. Die Regeln erlauben eine Überwachung, nicht aber zum Zwecke der Anklage. Der Ankläger wird nicht einmal von der Überwachung wissen. Die Überwachung wird zur Sicherheit oder für den Geheimdienst angewendet, um zukünftige terroristische Angriffe zu verhindern.«

Frage: »Kann das US-Militär garantieren, dass der Prozess genau so fair verlaufen wird, als ob die Angeklagten in einem regulären Verfahren stehen würden?«

Antwort: »Also ich denke, dass die Militärkommissionen fest im Gesetz verankert sind und einen fairen und vollständigen Prozess bieten. Sie werden viele Sachen sehen, die es auch in einem regulären Gerichtssaal gibt. Die Unschuldsannahme. Die Pflicht zur zweifelsfreien Beweisführung. Das Recht auf Verteidigung. Sie berücksichtigen aber auch die einzigartigen Umstände und gestatten die Vorführung von Beweisen und anderen Dingen, die sich stark von der gängigen Strafprozesspraxis unterscheiden.«

Bernhard Docke, der Anwalt von Murat Kurnaz, sieht das anders. Als ich ihm nach meiner Rückkehr aus Washington von meinem Gespräch mit John Smith erzähle, gibt er zu bedenken: »Nein, die Amerikaner sagen, dass für die Gefangenen in Guantanamo eine Art Sonderrecht gilt, weil es ungesetzliche Kämpfer wären. Das internationale Recht kennt aber kein Sonderrecht für so eine Kategorie. Ungesetzliche Kämpfer, diese Kategorie ist nicht bekannt im Völkerrecht. Entweder die Gefangenen sind Kombattanten aus dem Konflikt in Afghanistan. Also auch wenn sie in irgendeiner Weise an der Seite der Taliban gekämpft haben, müssen die Genfer Konventionen zur Anwendung kommen. Wenn sie keine Kombattanten sind, wenn die Amerikaner ihnen schlicht vorwerfen, kriminell außerhalb der Konflikte um Afghanistan, kriminell gegen die Amerikaner gehandelt zu haben, dann sind sie vor ein amerikanisches Gericht zu stellen, dann haben sie das Recht auf einen Anwalt, dann haben sie das Recht auf eine zeitnahe Anklage und auch die Chance, Akteneinsicht zu nehmen und ein etwaiges gerichtliches Verfahren auch selber mit Beweisanträgen und eigenen Beweismitteln zu beeinflussen. Und diese Rechte werden den Gefangenen genommen. Sie werden weder nach der Genfer Konvention noch nach der internationalen Konvention über politische und wirtschaftliche Rechte, die die Amerikaner auch unterzeichnet haben, behandelt. Ihnen wird weder das eine noch das andere gegeben. Sie werden in ein schwarzes Loch gesteckt, sie werden quasi aus der internationalen Rechtsgemeinschaft ausgeklinkt, für sie wird ein Sonderrecht geschaffen, und sie werden in Guantanamo in eine Art schwarzes Loch gesteckt. Das ist mittelalterlich und hat mit modernem Rechtsstaat überhaupt gar nichts zu tun.«

Major Smith dagegen ist überzeugt, dass die Behandlung der Häftlinge in Camp Delta nicht gegen die Menschenrechte verstößt.
Frage: »Haben Sie Bedenken wegen der Menschenrechte der Häftlinge in Camp Delta, Guantanamo?«
Antwort: »Ich bin in Guantanamo gewesen und habe die Häftlinge gesehen und wie sie gehalten werden. Ich habe mich davon überzeugt, dass sie sehr human gehalten werden, unter Berücksichtigung militärischer Notwendigkeiten und im Einklang mit den Genfer Konventionen. Sie erhalten drei ihrer Kultur entsprechende Mahlzeiten am Tag. Sie haben fließendes Wasser. Sie haben die Möglichkeit, ihre Religion auszuüben. Sie haben Auslaufzeiten. Sie haben Duschen. Die Menschen werden human behandelt und sehr gut versorgt. Sie erhalten die gleiche medizinische Betreuung wie das US-Militär. Natürlich sind sie inhaftiert. Sie haben keine Freiheit. Ich glaube, niemand würde das mögen, aber sie werden human behandelt, im Einklang mit internationalem Recht.«

Bernhard Docke hält dagegen: »Es waren offene Käfige, Drahtgestelle, zu allen Seiten offen. Damals hieß es ja auch Camp X-Ray, also durchsichtig wie Röntgenstrahlen. Die Campbedingungen haben sich zwar ein bisschen gebessert, seitdem man von der ›Käfighaltung‹ zu festen ›Stallungen‹ übergegangen ist und jetzt mittlerweile Container da sind, die ein bisschen mehr Schutz für die Gefangenen bieten. Man muss berücksichtigen, es sind sehr harte klimatische Bedingungen, es ist sehr heiß, sehr feucht, und in den Containern gibt es natürlich eine sehr stickige, sehr heiße Luft. Die Räume sind sehr klein, etwa 2,15 x 2,60 m. Also fünf Quadratmeter etwa, vielleicht ein bisschen mehr. Das ist weniger Platz, als den so genannten Todeskandidaten in texanischen Zellen geboten wird. Aber das Schlimmste, das Schlimmste für die Gefangenen ist meiner Ansicht nach die Unsicherheit, die Willkür, zu wissen, ich bin hier im Niemandsland, ich habe keine Lobby. Niemand kann mir hier helfen. Ich bin schlicht abhängig von dem Goodwill der Amerikaner. Und das kann lange, lange dauern, bis sich an dieser Situation was ändert.«

Im Hinblick auf die Militärkommissionen scheinen Major Smith und Bernhard Docke in einem Punkt einer Meinung zu sein.

Major Smith: »Nicht alle ungesetzlichen Kämpfer werden zwangsläufig eines Verbrechens angeklagt werden. Wenn sich allerdings während der Untersuchungen herausstellt, dass ein Angeklagter ein Kriegsverbrechen begangen hat oder einen Strafprozess bekommen sollte, wird er des Kriegsverbrechens angeklagt, bekommt einen Anwalt und ein gründliches und faires Verfahren.«

Bernhard Docke: »Die Militärkommissionen sind nur für einen kleinen Teil der Gefangenen vorgesehen. Dort, wo man meint, eine sehr gute Beweislage zu haben für strafbare Handlungen. Ein großer Teil der Gefangenen wird vermutlich nie vor Militärkommissionen oder andere Gerichte kommen. Sie werden entweder prophylaktisch festgehalten, weil die Amerikaner befürchten, dass sie irgendwas gegen die USA unternehmen könnten, wenn man sie freilässt, oder weil die Amerikaner denken, dass sie irgendwas Strafbares gemacht haben, ohne dass die Amerikaner aber vielleicht die Sicherheit haben, dass diese Vorwürfe gerichtsfest sind, dass sie von einem Gericht oder einer Militärkommission auch ausreichend bestätigt werden können. Die meisten der Gefangenen fristen ein Dasein von Tag zu Tag, ohne zu wissen, wann sich an ihrer Situation irgendetwas ändert. Und das Gefühl für Raum und Zeit und Zukunft geht für diese Gefangenen Tag für Tag verloren. Nach offiziellen Informationen des Pentagons haben mittlerweile dreißig Gefangene versucht, sich das Leben zu nehmen. Diese Zahl spricht auch für sich.«

5. Gefangener Nr. 00558 – Moazzem Begg

Als im Juli 2003 die Nachricht an die Öffentlichkeit gelangte, dass der Brite Moazzem Begg, der im Februar 2003 als Gefangener nach Guantanamo Bay gebracht worden war, vor eine Militärkommission gestellt werden solle, sorgte dies wochenlang für internationale Schlagzeilen.

Im Gegensatz zu Murat Kurnaz, dem türkischen Staatsangehörigen, der in Deutschland lebte, hat Moazzem Begg den Vorteil, britischer Staatsangehöriger zu sein. Unter dem Druck des Parlaments, verschiedener Bürgerrechtsbewegungen und schließlich auch der öffentlichen Meinung begann die britische Regierung, Moazzems Fall und die der acht anderen britischen Gefangenen gegenüber der US-Regierung zu verhandeln.

Premierminister Blair nutzte seine hervorragende Beziehung zu Präsident Bush, um besondere Verfahrensbedingungen für seine Landsleute auszuhandeln. Das wichtigste Ergebnis war der Ausschluss der Todesstrafe, die die britische Regierung als höchste Missachtung der Menschenrechte ansieht.

Moazzem Beggs Vater, Azmat Begg, der mit seiner Familie in England lebt, kam in den späten fünfziger Jahren aus Indien nach Birmingham und arbeitete dort als Bankdirektor. Er genoss in seiner Gemeinde großen Respekt und war Mitglied der »Liberal Democrat Party«. In der Straße, in der die Beggs wohnen, waren sie die erste asiatische Familie. Anders als die späteren Immigranten aus Pakistan oder Bangladesch, die in der Regel eine schlechtere Ausbildung hatten, arbeitete Azmat Begg in einem angesehenen Beruf.

Mr. Begg begrüßt Constantin und mich sehr höflich. Ich schätze ihn auf Mitte sechzig, ein gepflegter Mann im Rentenalter. Eigentlich sieht er in seinem Anzug mit der einfarbigen Krawatte immer noch wie ein Bankdirektor aus. Für einen Augenblick habe ich das Gefühl, dass wir hier sind, um über ein Geschäft und nicht um über seinen Sohn in einem Gefängnis auf einer fernen Insel zu sprechen. Aber er macht klar, dass er sofort zum Punkt kommen will. »Sie sind wegen Moazzem gekommen«, sagt er, während er uns ins Arbeitszimmer führt. »Meinem Sohn sollten seine Menschenrechte zugestanden werden. Das, was die Amerikaner machen, ist nicht richtig. Moazzem lebte für seine Familie und würde nie mit solchen Leuten verkehren.«

Als wir uns setzen, fällt mein Blick auf die Bücher in den Regalen. Größtenteils sind es Werke zur britischen Geschichte. Der Schreibtisch vor dem Fenster ist ordentlich aufgeräumt. Sorgfältig gestapelt liegen einige Briefe und Papiere darauf. Auf einem kleinen Kaffeetisch liegen zwei Fotoalben. Moazzems Vater zeigt uns Bilder von indischen Verwandten, die über mehrere Generationen in der britischen Armee gedient haben. Mr. Begg kommt aus einer Militärfamilie und ist darauf sehr stolz. In dem anderen Album sehen wir Bilder seines Sohnes Moazzem mit dessen Frau Sally und ihren kleinen Kindern. Die junge Familie sieht glücklich und zufrieden aus. Das vierte Kind, Ibrahim, fehlt auf den Bildern. Zu der Zeit, als Moazzem verhaftet wurde, war seine Frau Sally noch schwanger. Der kleine Junge hat seinen Vater nie gesehen.

Eine Odyssee zwischen Afghanistan und Pakistan

Im Juni 2001 verließ Moazzem mit seiner Frau Sally und seinen drei kleinen Kindern Birmingham, um nach Afghanistan zu gehen, das damals noch von den Taliban regiert wurde. Sally wurde als Kind palästinensischer Eltern in England geboren. Nach Auskunft seines Vaters wollte Moazzem seinen muslimischen Brüdern helfen. In Dörfern in Afghanistan, die keinen Zugang zu sauberem Wasser haben, wollte er Wasserpumpen installieren. Außerdem wollte er eine Schule gründen, die für die afghanischen Kinder eine Grundausbildung bieten sollte. Moazzem wollte sich um die Jungen kümmern, Sally um die Mädchen. »Er war nicht wegen der Religion da«, beharrt sein Vater. »Er hatte viel Mitgefühl mit den benachteiligten Menschen in Afghanistan. Er ging dorthin, um der Menschlichkeit zu dienen, den Menschen zu dienen, die den Unterschied zwischen a und b nicht kennen.«

Moazzem und seine Frau lebten in einem komfortablen Haus in Kabul. Er verbrachte viel Zeit damit, seine karitativen Ideen und Projekte zu realisieren, musste sich aber ständig mit der Bürokratie herumschlagen. Während der amerikanischen Bombardements im November 2001 fürchtete die Familie um ihr Leben. Laut Mr. Begg ging Moazzem Ende November eines Tages aus dem Haus, um Lebensmittel zu besorgen, und kehrte nicht mehr zurück. Sally wartete auf ihn und wurde immer nervöser. Da saß sie nun mit drei kleinen Kindern in einem Land, in dem Krieg herrschte. Sie sprach die Landessprache nicht, und ihr Mann war verschwunden. Möglicherweise war er bei einem Bombenangriff getötet worden. Nach fast zwei Wochen vergeblichem Warten beschloss Sally, mit ihren Kindern aus dem Land zu fliehen. Für den Fall, dass sie sich jemals verlieren sollten, hatten sie und ihr Mann ausgemacht, sich in Islamabad zu treffen, der Hauptstadt von Pakistan. Mit ihren kleinen Kindern machte sie sich auf den schwierigen Weg ins Nachbarland. Kurz nachdem sie in Islamabad angekommen waren, tauchte auch Moazzem dort auf. Er erzählte ihr, er habe wegen der Luftangriffe der Amerikaner nicht nach Hause kommen können. Mit vielen anderen Menschen habe er versuchen müssen, sich in Sicherheit zu bringen, und so sich immer weiter von seiner Familie entfernen müssen. Eingedenk ihrer Absprache sei er direkt nach Islamabad gegangen. Er war sicher, dass seine Frau mit den Kindern dort bei Freunden auf ihn warten würde. Aus Islamabad rief Moazzem zu Hause in Birmingham an.

»Ich sagte ihm, dass er nach Hause kommen solle, dass es für seine Frau und seine Kinder gefährlich sei. Er meinte, dass er weiterhin wohltätig arbeiten würde«, erzählt sein Vater.

Moazzem beschloss, in Islamabad zu bleiben, bis es wieder möglich sei, nach Afghanistan zurückzugehen. Seine Familie schien in Pakistan sicher zu sein. Eines Nachts jedoch, Moazzem und seine Familie schliefen, stürmten mit Kalaschnikows bewaffnete pakistanische Polizisten in ihr Haus. Sie stellten alles auf den Kopf und beschlagnahmten den Computer, einige Mobiltelefone sowie etwa 12 000 Euro Bargeld. Es war alles, was sie besaßen, um in Afghanistan ein neues Leben zu beginnen. Laut Azmat Begg wurde Moazzem in den Kofferraum eines Autos eingepfercht. Während eines Stopps konnte er heimlich mit seinem Handy nach England telefonieren und kurz mit seinem Vater sprechen. Er war voller Angst und Verzweiflung. Mr. Begg traute zunächst seinen Ohren nicht.

»Plötzlich, gegen Mitternacht bekam ich einen Anruf von Moazzem. Er sagte: ›Dad, man hat mich verhaftet.‹ Ich war noch ganz schlaftrunken und konnte gar nicht richtig verstehen, was er sagte. Ich hörte die Geräusche eines Autos. Er sagte, dass er von zwei pakistanischen und zwei amerikanischen Beamten verhaftet worden sei. Und dann fügte er hinzu: ›Bitte kümmere dich um meine Frau und meine Kinder.‹«

Das waren die letzten Worte, die Mr. Begg von seinem Sohn hörte.

Moazzem wurde als Feind der Vereinigten Staaten eingestuft. Wie viele andere Gefangene in Guantanamo Bay wurde auch Moazzem nicht in einer Schlacht oder in Afghanistan gefangen genommen. Er wurde aus einem fremden Land verschleppt und dem US-Militär übergeben. Ein Grund für seine Verhaftung wurde nicht genannt.

Azmat Begg, sein Vater, meint dazu:

»Ich möchte gerne den Verantwortlichen diese Frage stellen: Warum wurde er verhaftet? Ich nehme an, weil er einen Bart trägt und betet. Vermutlich hat man ihn beobachtet, wie er zum Gebet ging, und wusste, dass er in Pakistan ein Fremder ist. Er spricht kaum ihre Sprache, und das wenige, was er kann, spricht er mit einem fremden Akzent. Deshalb dachten sie wahrscheinlich, dass er ein Terrorist ist. Es ist eine Verwechslung.«

Sally, die Schwiegertochter, möchte sich nicht von uns filmen lassen. Sie ist eine gläubige Muslimin, verschleiert ihr Gesicht und hat keine Kontakte zu fremden Männern. Ich könnte sie nur mit der Erlaubnis ihres Mannes filmen. Dennoch willigt sie in ein Telefoninterview ein. Sie erzählt mir Folgendes:

»Nachdem die Polizei unser Haus in Islamabad durchsucht hatte und Moazzem verhaftet wurde, nahm ich an, sie würden entdecken, dass er nichts Falsches getan hatte. Ich erwartete, dass er nach ein paar Stunden zurückkommen würde. Es hat mich wirklich überrascht, dass sie ihn so lange festhielten. Dann haben sie ihn nach Afghanistan zurückgeschickt, und das hat mich wirklich schockiert. Ich war zu dieser Zeit hochschwanger. Drei Wochen später, nachdem ich versucht hatte herauszufinden, was passiert war, ging ich nach Birmingham zurück. Als ich später erfuhr, dass er nach Guantanamo gebracht worden war, hat mich das sehr mitgenommen. Ich glaube wirklich, dass er unschuldig ist und dass sie ihn bereits vor einer Gerichtsverhandlung verurteilt haben. Ich möchte wissen, warum meinem Mann nicht die elementarsten Menschenrechte zugestanden werden, die jeder Mensch auf der Welt hat, etwa in England. Verstehen Sie, eben auch das Recht, dass er besucht wird. Ich möchte wissen, warum es so lange dauert, bis Briefe zu mir kommen. Und er schreibt mir, dass er schon lange nichts mehr bekommen hat, obwohl ich oft schreibe. Durch die

Briefe, die ich bekommen habe, habe ich den Eindruck, dass er jetzt geistig verwirrt ist. Ich denke, wenn er nach Hause kommt, wird er nicht mehr derselbe sein.«

Moazzems psychischer Zustand macht der Familie Begg große Sorgen. Sie glauben, dass es nur noch eine Frage der Zeit ist, bis er unter dem Druck der Verhöre oder der Verzweiflung zusammenbricht. Auch Abassin hatte große Schwierigkeiten, sein Leben nach der Freilassung wieder in den Griff zu bekommen. Guantanamo hat eine tiefe Narbe hinterlassen, die nie verheilt ist. Er wusste nicht, ob er jemals wieder freigelassen würde. Er dachte, dass er dort sterben würde, und hat andere Häftlinge gesehen, die alle Hoffnung und den Wunsch zu leben verloren hatten. Das Pentagon hat berichtet, dass es bis zum August 2003 dreißig Selbstmordversuche in Guantanamo gegeben hat.

Am Rande eines Zusammenbruchs

Bevor Moazzem Begg nach Guantanamo verschleppt wurde, verbrachte er ein Jahr in amerikanischer Gefangenschaft in Afghanistan. Im November 2002 schrieb er aus dem Gefängnislager in Bagram, wo auch Abassin inhaftiert war:

»Mehr als sieben Monate lang war ich nicht an der Sonne. Außer einmal für etwa zwei Minuten. Ich bin besorgt, dass ich zu viel Zeit nur herumliege. Ich bin ermüdet vom Liegen und Herumsitzen.«

Die Briefe, die seinen Vater erreichten, waren zensiert. Einige Passagen waren geschwärzt.

Zwei Monate später folgte wieder ein Schreiben aus Bagram, aus dem hervorgeht, dass Moazzem noch einen weiteren Brief an seinen Vater geschickt hatte, der aber nie angekommen ist.

»Ich bete, dass diese Nachricht dich und die Kinder bei guter Gesundheit erreicht. Vor einigen Monaten habe ich an dich geschrieben, aber ich glaube, dass du dir entweder mit der Antwort Zeit lässt oder dass der Postweg sich wieder verlangsamt hat. – Ich weiß es nicht. Wie auch immer, als ich über die Insekten etc. geschrieben hatte, da war es Sommer. Und jetzt sind wir im tiefen Winter. Die Kamelspinne ist die einzige Spinne in der Welt mit zehn Beinen. Ich glaube nicht, dass es ein Spinnentier ist. Denn es wird größer als eine menschliche Hand, und es ist in der Lage zu beißen, dass das Fleisch abfault, wenn es nicht behandelt wird. Im Sommer gab es hier genügend Kamelspinnen, sie haben sich in den Zellen ausgebreitet und über die Gefangenen hergemacht. Einer wurde gebissen und musste behandelt werden. Gott sei Dank, dass es Winter ist.«

Die Kamelspinne ist in Südwestasien weit verbreitet. Sie gehört zur Familie der Solifugen. Die Tiere sind nachtaktiv. Sind sie am Tag unterwegs, so suchen sie Schatten. Wenn der Schatten eines Menschen auf die Spinne fällt, wird sie diesem folgen. Das sieht dann so aus, als wenn sie den Menschen jagt – und in einer Zelle kann man nicht weglaufen. Die Kamelspinne hat vier zangenartige Kiefer, mit denen sie ihre Beute zermalmt.

Moazzem Begg fährt in seinem Brief fort: »Außerdem gibt es hier die übliche Mischung aus Skorpionen, Käfern, Mäusen und anderem Gekreuch.«

Irgendwann im Februar 2003 tauscht Moazzem Begg eine fensterlose Gefängniszelle in Afghanistan gegen eine in Guantanamo Bay. Angekettet und mit verbundenen Augen landete er auf der Karibikinsel. Er hatte keine Ahnung, wo er war und was auf ihn zukommen würde. Unter völliger Reizabschirmung (sensorische Deprivation) wurde er in seine Zelle gebracht. Er war völlig isoliert von der Außenwelt und ahnte nicht, dass er nur etwa achtzig Meter vom Meer entfernt untergebracht war.

Seine Familie war nicht informiert über diese Verschleppung, bis sie einen Brief aus Camp Delta, Guantanamo Bay, erhielt. Er schrieb im April 2003:

»Lieber Vater. Die Bedingungen sind so: Ich habe das Meer, die

Sonne, den Himmel und den Mond fast ein Jahr nicht gesehen. Ich glaube, es ist nicht richtig, dass ich so behandelt wurde, und für das, was sie mir unterstellen, habe ich mehr als genug Zeit verbüßt. Ich sehe kein Ende dieser Situation. Ich hasse es, dir Sorgen zu bereiten, aber es ist meine einzige Möglichkeit, diese Ungerechtigkeit für mich erträglicher zu machen.«

Was er nicht schreiben durfte, war eine ausführliche Schilderung seiner Haftbedingungen.

Moazzem Begg kam innerhalb des Gefangenenlagers »Camp Delta« in einen isolierten Trakt für Gefangene, die vor ein Militärgericht gestellt werden sollten. Dieser Bereich wird »Camp Echo« genannt. Er wurde dorthin verlegt, weil das US-Militär nach ersten Verhören glaubte, er sei ein so genannter »feindlicher Kämpfer«. Laut Clive Stafford Smith, einem von Moazzem Beggs Verteidigern, soll Begg nach mehreren Verhören angegeben haben, er habe ein ferngesteuertes, mit Sprengstoff beladenes Modellflugzeug ins britische Parlament lenken wollen. Eine Vorstellung, die wenig plausibel wirkt.

Angesichts der Briefe aus Camp Echo machte sich sein Vater große Sorgen um die psychische und physische Verfassung seines Sohnes.

In einem Brief schrieb Moazzem, dass er schmerzhafte Hautprobleme hat, in einem anderen kündigt er an, dass er »eine Entscheidung fällen würde, die die ganze Familie treffen würde«. Dachte er daran, sich das Leben zu nehmen? War er so weit, seinen Befragern alles zu sagen, was sie hören wollten? In einem weiteren Brief an den Vater erkennt man Anzeichen eines psychischen Zusammenbruchs. »Fast ein ganzes Jahr ist seit meiner Verhaftung vergangen, und ich denke, dass es schwere Verstöße gegen meine Menschenrechte gegeben hat, besonders das Recht auf Freiheit und die Unschuldsvermutung … Nach all dieser Zeit weiß ich immer noch nicht, welches Verbrechen ich begangen haben soll, für das nicht nur ich, sondern meine Frau und meine Kinder so lange leiden müssen. Das führt dazu, dass ich verzweifle und langsam den Kampf gegen Depression und Hoffnungslosigkeit verliere.«

Offenbar erfuhr Moazzem Begg, dass er vor eine Militärkommission gestellt werden sollte. Im Mai 2003 schrieb er:

»Das ist die härteste Prüfung meines Lebens, und ich hoffe, ich bereite dir nicht zu viel Verzweiflung. Aber ich werde mit Allahs Hilfe und deinen Gebeten diese Prüfung bestehen.«

Im Juli 2003 gab es zwischen der britischen und der amerikanischen Regierung eine Vereinbarung, dass kein britischer Gefangener vor ein US-Militärgericht gestellt werden dürfe. Trotzdem ist Moazzem Begg weiter in Isolationshaft in Camp Echo geblieben. »Ich bin wie ein Tier in einem Käfig, mein Leben ist die Hölle, und ich leide unter Depressionen.«

Der Weg zum Islam

Moazzem Begg wurde in England geboren und kam als kleiner Junge in eine jüdische Schule. Er war wesentlich kleiner als seine Kameraden. Deshalb musste er sich über mehrere Jahre einer Wachstumshormon-Behandlung unterziehen. Als er sieben Jahre alt war, starb seine Mutter an Brustkrebs. Sein Vater heiratete dann wieder. Die ersten fünf Schuljahre, im Alter von fünf bis elf, besuchte er die King David School in Birmingham. Mr. Begg hatte gute Gründe, seinen Jungen in eine Schule zu schicken, wo er ein Moslem unter Juden war. »Die St. David Jewish School war in unserer Nähe und hatte einen guten akademischen Ruf. Er hatte dort viele Freunde und war glücklich in der Schule.« Frühere Klassenkameraden erinnern sich an ihn als einen äußerst ernsten Jungen, der gerne über die Themen der Nachrichten und sogar über Religion diskutierte. Die meisten Schüler kamen aus der jüdischen Gemeinde in Birmingham. Moazzem fiel auf, weil er Moslem und Asiat war. Trotzdem ging er gerne in die Schule und tat sich leicht, jüdische Gebete auswendig zu lernen.

Außerdem nahm er an den Feierlichkeiten zum Sabbat teil. Nach Moazzems Verhaftung schrieb ein ehemaliger Schüler folgenden Brief an den Guardian:

»Mein Schulfreund in Guantanamo Bay

Montag, den 7. Juli 2003

Ich weiß, es ist möglich, dass sich ein Mensch in vierundzwanzig Jahren ändert. So lange ist es her, dass ich meinen Freund aus der Grundschule, Moazzem Begg, der zurzeit als Häftling mit einem Todesurteil der US-Regierung rechnen muss, gesehen habe. Dennoch spüre ich, dass es unmöglich ist, dass dieser Organisator einer wohltätigen Schule in Afghanistan nichts von den liberalen Gedanken, die durch die ›King David Jewish Junior and Infant School‹ in Birmingham vermittelt wurden, mitgenommen hat. Ich möchte alle, die dazu in der Lage sind, darum bitten, so viel Druck wie möglich auf die relevanten Behörden auszuüben, um sicherzustellen, dass mein alter Kumpel ›Mozambique‹ einen fairen Prozess bekommt. Meine Gedanken sind bei Moazzem und seiner Familie.

Mischa Moselle
Lamma Island, Hongkong«

Moazzem wuchs in keiner religiösen Familie auf. Nur manchmal ging er mit seinem Vater in die örtliche Moschee. Azmat Begg berichtet, dass sein Sohn mit zwölf Jahren Verwandte in Pakistan besuchte und völlig verändert zurückkam. Er begann über das Leiden seiner muslimischen Gefährten zu sprechen und entwickelte ein Interesse an humanitärer Arbeit. Als junger Mann hatte er verschiedene Jobs und half seinem Vater bei dessen Geschäften. Erst als er mit dem Jurastudium an der Universität von Wolverhampton begann, fand er zur Religion. Er traf dort auf viele Asiaten der zweiten Generation, die, konfrontiert mit Rassismus und Arbeitslosigkeit, zwischen zwei Kulturen standen. So erfüllte ihn wachsende Unzufriedenheit mit dem Leben in Großbritannien. Auf der einen Seite stand sein konservativer Vater, der stolz darauf war, Brite zu sein, auf der anderen Seite waren die jungen asiatischen Studienfreunde. An seiner Universität gab es radikale muslimische Organisationen, die einen strengen Islam predigten. Einige riefen ihre Zuhörer zum Dschihad auf, dem heiligen Krieg. Es gibt keinen Beweis, dass Moazzem einer solchen Gruppe angehörte, aber es ist wahrscheinlich, dass er von ihnen beeinflusst wurde. Er begann eine sehr strenge Form des Islam auszuüben. Dieser Glaube gab ihm endlich ein Ziel für sein Leben. Zu dieser Zeit lernte er auch seine zukünftige Frau Sally kennen, die ebenfalls eine fromme Muslimin wurde. Sally, eine Palästinenserin, die in einer Klosterschule erzogen worden war, heiratete Moazzem, den Muslim, der in eine jüdische Schule gegangen war. Gemeinsam fanden sie zu Allah.

Moazzem brach sein Studium ab und begann in einem islamischen Buchladen namens »Maktabah al Ansaar« in Birmingham zu arbeiten. Dort wurde hauptsächlich Bildungsmaterial verkauft, aber es gab auch Schriften, die Al-Qaida unterstützten. Moazzem bemerkte nicht, dass einige seiner neugierigen und leicht zu beeindruckenden Kunden in Wirklichkeit Agenten des Geheimdienstes MI5 waren. Im Februar 2000 durchsuchte die Polizei den Laden. Zwar wurde keine Anklage gegen Moazzem erhoben, aber in der asiatischen Kommune war er jetzt als Terrorverdächtiger bekannt. In einer BBC-Meldung hieß es, dass »eine extremistische religiöse Organisation verdächtigt wird, junge Männer in London und Birmingham anzustacheln, damit sie in den heiligen Krieg (Dschihad) in Tschetschenien und Kaschmir ziehen. Die Rekruten werden in allen Bereichen der Kriegsführung ausgebildet, mit der Möglichkeit eines weiterführenden Trainings im Ausland.«

Herr Begg ist davon überzeugt, dass sein Sohn unschuldig ist. Der britische Geheimdienst dagegen betrachtete seine Aktivitäten im

Buchladen als verdächtig. Ich frage den Vater nach seiner Meinung zu der Razzia im Buchladen. Warum interessierte sich der britische Geheimdienst für diesen Buchladen?

»Zum Abendgebet schlossen sie für gewöhnlich die Läden des Geschäfts und löschten das Licht. Die Leute wurden misstrauisch. Warum sind die Läden heruntergezogen? Warum ist der Laden mittags geschlossen? Was geschieht da? Die Leute haben so ihre Vorstellungen, besonders die Nichtmuslime. Die Behörden sagten, dass dort sonderbare Dinge passierten, die sie vorher noch nie gesehen hatten, aber was haben sie gefunden? Nichts!«

Rauch ohne Feuer?

Die polizeiliche Durchsuchung des Buchladens war Teil einer groß-angelegten Serie von Razzien bei islamistischen Verdächtigen in Großbritannien. Die englische Boulevardpresse überschlug sich mit Schlagzeilen zu »islamischen Terroristen«. Die asiatische Gemeinde fühlte sich zum Sündenbock gemacht und beklagte, dass sie nicht mit Respekt und Würde behandelt wurde.

Nach den Anschlägen vom 11. September befürchteten die Minister der britischen Regierung ein Anschwellen rassistischer Übergriffe auf die asiatische Gemeinde. In dieser schwierigen Phase wurde Margaret Thatcher beschuldigt, Öl ins Feuer zu gießen. »Die Menschen, die diese Türme einstürzen ließen, waren Muslime. Die Muslime müssen aufstehen und sagen, dass dies nicht der Weg des Islam ist. Den Passagieren in diesen Flugzeugen wurde gesagt, dass sie sterben würden, und es waren Kinder an Bord. Sie müssen sagen, dass es eine Schande ist«, hatte Baroness Thatcher in einem Interview mit der Times erklärt. Der muslimische Rat von Großbritannien wies darauf hin, dass muslimische Führer unter den Ersten waren, die die Anschläge verurteilt hatten. Im Oktober 2001 gab der britische Innenminister David Blunkett neue Maßnahmen gegen antimuslimische Übergriffe bekannt.

Birmingham hat eine große und stetig wachsende muslimische Einwohnerschaft. Nach den Dreharbeiten mit Mr. Begg möchte ich einen Eindruck von der Nachbarschaft bekommen. Mit meinem Kameramann gehe ich durch die Straßen in der Umgebung. Schon bald sind wir in einer britisch-muslimischen Gegend. Hier sind nur wenige Weiße, aber viele asiatische Männer pakistanischer Abstammung, die ihren Geschäften nachgehen, Urdu oder Punjabi sprechen und traditionell islamisch gekleidet sind. Wir ziehen die Aufmerksamkeit auf uns, und schon bald werden wir angesprochen. Der erste Mann, mit dem ich rede, ist etwa Mitte vierzig und traditionell gekleidet.

»Wir glauben nicht an Amerika. Es wird Militärgerichte geben und keine Gerechtigkeit. Wenn sie etwas getan haben, sollten sie hier vor Gericht gestellt und bestraft werden. Das ist unsere Meinung.«

Diese Ansicht ist tatsächlich repräsentativ für das, was die meisten Menschen in Großbritannien denken. Mehr als zweihundert Mitglieder des britischen Parlaments unterstützten im Juli 2003 einen Antrag im Parlament, der für die Terrorverdächtigen einen fairen Prozess oder die Rückkehr nach Großbritannien forderte.

Ich suche nach jüngeren Leuten und spreche einen asiatischen Mann in Jeans an. Er ist ungefähr Mitte zwanzig.

»Ich glaube, dass die britischen Gefangenen in Guantanamo Bay hinter Gitter gehören, wenn sie etwas getan haben. Wenn sie aber nichts getan haben, sollten sie freigelassen werden. Wie im Fall von Moazzem – wenn er etwas getan hat, sollte er ins Gefängnis. Aber zunächst braucht man Beweise, und die haben sie nicht.«

Ich entdecke einen ungefähr vierzigjährigen weißen Mann, der in einen Fish-and-Chips-Laden geht. Wie die meisten Menschen in Großbritannien kennt er den Fall von Moazzem Begg.

»Ich würde keinen Hund in eine solche Unterkunft sperren. Wir kennen doch alle die Bilder von Tieren, die in ihren Käfigen vor Langeweile sterben. Ich glaube, dass diese Menschen an einer Art Depression leiden, die sie in den Selbstmord treiben könnte.«

Ein junger Mann in traditioneller Kleidung kommt auf mich zu, um mir Folgendes zu sagen: »Soweit es meine Gemeinde betrifft, wir wollen Gerechtigkeit. Diese Terroristen müssen mehr über den Islam wissen, müssen den Islam studieren. Der Islam ist eine sehr friedliche Religion, ohne Gewalt. Diese Terroristen nennen sich Muslime und machen Probleme, weil sie vom Islam nichts verstehen. Wenn sie den Islam kennen würden, würden sie nie etwas Schlechtes tun.«

Der Name »Islam« bedeutet »Ergebenheit, Frieden und Erlösung«. Muslime glauben, dass der vollkommene Frieden durch die vollkommene Ergebenheit in Allah erreicht wird.

Ich versuche immer noch zu verstehen, warum einige junge britische Asiaten anscheinend den Dschihad unterstützen. Deshalb möchte ich mit Dr. Mohammed Naseem, dem Vorsitzenden der Zentralmoschee in Birmingham, sprechen. Er ist ein wichtiger Sprecher der dortigen muslimischen Gemeinde.

Wir kommen an einem Freitag, einem Feiertag für Muslime. Am Eingang der Moschee treffen wir Dr. Naseem. Er trägt Anzug und Krawatte, während die meisten Gläubigen in einfacher Straßenkleidung kommen. Einige tragen aber auch traditionelle islamische Kleidung.

Zu meiner großen Überraschung fragt mich Dr. Naseem, ob ich das Freitagsgebet filmen möchte. Ich erinnere mich an die Moslems in Bremen, die sehr empfindlich auf Nichtmuslime in ihrer Moschee reagierten. Das zeigt einmal mehr, dass man keine vorgefassten Meinungen haben sollte. Ich höre den eindringlichen Aufruf zum Gebet, »Allah Akbar«, Gott ist groß. Auf Strümpfen betreten wir den Hauptgebetsraum, der Platz für 4000 Gläubige bietet. Der Raum ist fast voll, als die Gebete beginnen. Ohne jeden Zwischenfall filmen wir die betenden Männer. Anschließend bauen wir die Kamera im Büro des Vorsitzenden auf.

»Würde es ohne den 11. September keine muslimischen Gefangenen in Guantanamo geben?«, frage ich Dr. Naseem. Ich erwarte, dass ihn meine Frage aus der Fassung bringt. Stattdessen bringt er mich mit seiner Antwort aus der Fassung.

»Viele Muslime ärgern sich sehr. Einige sind davon überzeugt, dass es kein Krieg gegen den Terror, sondern gegen den Islam ist. Es gibt keinen Beweis dafür, dass Muslime am 11. September beteiligt waren. Ich glaube, es ist das erste Mal, dass Muslime und die Menschen im Land erkennen, wie weit die politische Führung gegangen ist in der Zerstörung der Wahrheit. Es macht für uns keinen Sinn, dass Muslime beteiligt waren. Die Leute, die als fanatische Muslime dargestellt werden, werden auch als Menschen beschrieben, die getrunken und sich in Nachtclubs herumgetrieben haben. Das sind doch keine Muslime. Es gibt nur eine Version einer Geschichte, die von der Exekutive dargestellt wird.«

Frage: »Aber es ist doch eine Tatsache, dass britische Männer nach Afghanistan gegangen sind. Angeblich sollten sie dort für die Taliban kämpfen. Warum?«

Antwort: »Ich rede nicht vom Recht oder Unrecht des Taliban-Regimes. Es war eine etablierte Regierung, mit der Großbritannien und Amerika Beziehungen führte. Wir haben sie ohne rechtliche Grundlage angegriffen. Das macht aus der afghanischen Bevölkerung Menschen, denen Unrecht angetan wurde, und wenn man an Recht und Unrecht glaubt, wird es zur Pflicht, für das Richtige zu kämpfen und das zu beenden, was falsch gemacht wurde. Sie sind wegen der Ungerechtigkeit dorthin gegangen.«

Neben Moazzem Begg, dessen Fall große Medienaufmerksamkeit auf sich zog, gab es noch weitere acht britische Staatsangehörige in Guantanamo Bay. Mitten in England, nur eine halbe Stunde von Birmingham entfernt, liegt die kleine Stadt Tipton. Drei junge Männer der dortigen muslimischen Gemeinde werden in Guantanamo Bay gefangen gehalten. Man weiß, dass die drei zusammen nach Pakistan aufgebrochen sind. Die Nachricht von ihrer Verhaftung war ein großer Schock für die Stadt. Die neunzehn- bis vierundzwanzigjährigen Männer hatten alle die örtliche Schule besucht und offensichtlich keine Verbindung zum radikalen Islam.

In der Stadt gibt es Viertel von Immigranten aus Bangladesch und Pakistan, die in den sechziger Jahren kamen, um in den Fabriken der mittelenglischen Industrie zu arbeiten. Nach allem, was man erfährt, sind diese muslimischen Gemeinden gut in die größere weiße Gemeinde integriert. Der Jüngste der »Tipton Three«, wie die Presse sie nannte, ist Ruhal Ahmed, ein neunzehnjähriger Nachwuchs-Champion im Kickboxen. Sein Vater Riasoth Ahmed hörte zum ersten Mal von der Verhaftung seines Sohnes, als der britische Geheimdienst mit einem Durchsuchungsbefehl bei ihm vor der Tür stand. Die Männer stellten das Haus auf den Kopf und verhörten die ganze Familie. So erfuhren sie, dass ihr Sohn ein Gefangener in Camp X-Ray war. Ruhal Ahmed hatte seinem Vater erzählt, dass er mit Freunden nach Pakistan gehen würde, um an einer Hochzeit teilzunehmen. Die Familie war wie vor den Kopf geschlagen.

Als wir die Familie Ahmed besuchen, erleben wir eine Atmosphäre wie nach einem Trauerfall. Allein beim Gedanken an ihren Sohn bricht die Mutter in hemmungsloses Schluchzen aus. Mrs. Ahmed weint so sehr, dass sie während des Interviews nicht neben ihrem Mann sitzen und vor der Kamera sprechen kann.

Mr. Riasoth Ahmed hofft seinen Sohn eines Tages wiederzusehen, denn er ist von seiner Unschuld überzeugt.

»Wenn er zu ihnen gehört, dann hasse ich ihn. Ich weiß, dass er kein Terrorist ist. In Tipton gibt es keine terroristischen Aktivitäten. Ich kann nicht aufhören zu weinen. Wir können nicht aufhören zu weinen. Ich vermisse ihn jeden Tag.«

Nach der Schule arbeitete Ruhal in einer örtlichen Fabrik und half im örtlichen Gemeindezentrum. Es war ein typischer Jugendlicher mit zwei Leidenschaften, Fußball und Kickboxen. Ruhal war ein gemäßigter Muslim, doch seit seiner Inhaftierung zeigt sich eine enorme Veränderung seines Charakters. In seinen Briefen spricht er nicht von seinen Lieblingssportarten, sondern von der »wahren« Auslegung des Islam. Er hat Allah gefunden.

In einem Brief, der über das Internationale Rote Kreuz zu seinem Vater gelangte, heißt es: »... Wenn ich zurück nach Hause komme, möchte ich sehen, dass wir alle zusammen fünf Mal am Tag beten, und auch Mutter soll sich anders kleiden. Sie soll sich nach der islamischen Tradition kleiden. Weil es für Frauen obligatorisch ist. Allah sagt den Gläubigen, dass Frauen ihren Blick senken, ihre Bescheidenheit erhalten und ihre Schönheit nicht den Blicken anderer preisgeben ... Wenn ich zurückkomme, möchte ich eine große Veränderung in meiner Familie sehen.« So schreibt der zwanzigjährige Junge aus seiner Haft in Guantanamo Bay.

Ein Lebenszeichen

Im Juli 2004 tauchte überraschend ein erneutes Lebenszeichen von Moazzem Begg auf.

Ein nichtzensierter Brief, am 12. Juli 2004 von Moazzem Begg geschrieben, gelangte auf ungeklärte Weise zu seiner amerikanischen Anwältin, Gitanjali Gutierrez.

Sie erzählte mir, dass Moazzem Begg darin über seine Zeit in US-Gewahrsam im Stützpunkt Bagram in Afghanistan geschrieben hat. Bis heute ist nicht geklärt, wie dieser Brief auf dem Schreibtisch seiner US-Anwältin in New York gelandet ist. Jedenfalls konnte zweifelsfrei festgestellt werden, dass es sich um die Handschrift von Moazzem Begg handelt.

»Während mehrerer Verhöre, insbesondere – aber nicht ausschließlich – in Afghanistan war ich, neben anderen brutalen Verhörmethoden, Folterdrohungen, tatsächlicher Folter und Todesdrohungen ausgesetzt. Es gab keinen Zugang zu rechtlicher Beratung ...

Verhöre wurden in einer Atmosphäre erzeugter Angst gehalten, in der die entsetzlichen Schreie der Mitgefangenen, die ähnlichen Methoden ausgesetzt waren, widerhallten. In einer Atmosphäre starker Abneigung gegenüber den Häftlingen gab es rassistische und religiöse verbale Beleidigungen. Meiner Meinung nach gipfelte das in dem Tod zweier Mithäftlinge durch US-Militärangehörige, bei dem ich selbst teilweise Zeuge war.«

»Moazzem Begg war seit seiner Ankunft in Guantanamo in Camp Echo«, sagt Gitanjali Gutierrez. »Er wurde direkt vom Luftwaffenstützpunkt Bagram, wo er fast ein Jahr gefangen gehalten worden war, dorthin gebracht. Der jetzt aufgetauchte Brief, in dem er ein Erlebnis in Bagram beschreibt, deutet darauf hin, dass man ihn nach Camp Echo verlegt hat, damit er keinen Kontakt zu Häftlingen hat und ganz einfach in Isolation gehalten wird.«

Wenn Moazzem Begg Zeuge von zwei Morden wurde, würde das vermutlich einiges erklären: »Die US-Regierung hat nie gesagt, warum er in Isolation gehalten wird. Deshalb können wir nur spekulieren, dass vielleicht einiges von dem, was er in Bagram beobachtet hat, der Grund dafür ist, warum er nach Camp Echo gebracht wurde«, sagt Gitanjali Gutierrez.

Sie zeichnet ein düsteres Bild der dortigen Haftbedingungen:

»Die Isolation dort ist vollständig und entkräftend. Die Bedingungen bedrohen eindeutig die physische und psychische Gesundheit der Menschen, die dort gehalten werden.

Der wenige Kontakt, den die Gefangenen mit den Wachen des Lagers haben, wird eingeschränkt, weil in jeder Zelle eine Sicherheitskamera installiert ist, die sie vierundzwanzig Stunden am Tag überwacht, so dass die Wachen nicht hineingehen und sie überprüfen müssen. Sie sind also buchstäblich vierundzwanzig Stunden am Tag in Isolation.«

Die Bedingungen der Isolationshaft führen zu Verzweiflung und tiefen Depressionen bis hin zum Suizid. Eine psychische Verfassung, die ein freier Mensch mit normalen sozialen Kontakten kaum nachvollziehen kann.

6. Besuch auf Guantanamo

Willkommen im Zeitalter des Terrors! Müde und erschöpfte Passagiere warten stundenlang geduldig in langen Schlangen auf ihre Einreise in die Vereinigten Staaten. Constantin, mein Kameramann, und ich schieben uns langsam am JFK-Flughafen vorwärts. Wir sind auf dem Weg nach Guantanamo, über New York und Puerto Rico. Unser Ziel ist der US-Marinestützpunkt Fajardo in Puerto Rico. Von dort aus werden wir nach Guantanamo Bay im Südwesten Kubas fliegen.

Das Pentagon hatte meinem Besuch endlich zugestimmt. Es war gelungen, die PR-Abteilung davon zu überzeugen, dass im Zusammenhang mit Guantanamo »keine Nachrichten schlechte Nachrichten« sind. Ich hatte dem Presseoffizier gesagt, dass die Deutschen die »Wahrheit« über die Behandlung der Gefangenen wissen wollen. Und wenn sie meinen Besuch ablehnen würden, sähe es doch so aus, als ob sie etwas zu verbergen hätten.

Als 2002 die ersten Gefangenen in Camp X-Ray eintrafen, waren Kamerateams in Guantanamo zugelassen. Sie machten ihre Aufnahmen von dem Punkt, der ihnen zugewiesen worden war, zweihundert bis dreihundert Meter von den orange gekleideten Gefangenen entfernt. Mit einem starken Teleobjektiv war es nicht schwer, »gute« Aufnahmen zu machen. Bilder von Männern, die endlose Stunden in Drahtkäfigen schmachteten. In schwere Ketten gelegte Gefangene, die von Wächtern über die Anlage geführt wurden. Diese Bilder lösten weltweit Empörung aus. Daraufhin wurde der Zugang für die Medien in Guantanamo eingeschränkt. Niemand kam ohne die Erlaubnis des US-Militärs auf die Insel.

Diese Geheimhaltung schadete der US-Regierung. Der Verdacht kam auf, dass sie dort etwas zu verbergen hätte. Ungefähr eineinhalb Jahre später wurde die Nachrichtensperre etwas gelockert. Jetzt bin ich auf dem Weg, um mehr über die Justiz in Guantanamo zu erfahren, um herauszufinden, ob Amerika im Kampf gegen den Terror die elementaren Prinzipien der Menschenrechte verletzt. Der Presseoffizier der US-Armee teilte mir mit, dass ich die »Häftlinge« sehen könnte, sie aber unter keinen Umständen sprechen oder filmen dürfe. Das US-Militär möchte mir zeigen, dass sie die Gefangenen human behandeln. Das soll ich in meinem Film berichten. Sie werden mir nur erlauben, das zu filmen, was sie zeigen möchten. Das Einzige, was mir bleibt, ist, die Wächter und Befehlshaber mit Fragen zu konfrontieren, schwierigen, unbequemen Fragen.

Es dauert zwei Stunden für Reisende mit ausländischem Pass, um an die Passkontrolle zu gelangen. »Wissen Sie, was Ihr Problem ist?«, fragt mich der übergewichtige Zollbeamte, während er mein Einreisevisum betrachtet. Ich würde ihm gerne etwas über sein »Problem« erzählen, den Missbrauch von Amtsgewalt.

»Ihr Problem ist, dass Sie nicht richtig hinsehen. Sie haben das falsche Formular ausgefüllt.« Was für ein arroganter Ton. Die meisten Amerikaner sind ausgesprochen höflich. Ist das ein anderes Amerika? Ich beiße die Zähne zusammen und behalte meine Gedanken für mich.

Den Anschlussflug nach Puerto Rico haben wir gerade noch bekommen. Am Abend beziehen wir ein Zimmer in der Nähe des US-Marinestützpunktes Fajardo. Morgen um fünf Uhr in der Frühe haben wir ein Treffen mit dem Vertreter der amerikanischen Medienbetreuung am Haupteingang des Stützpunktes. Wir müssen noch

Sicherheitsfragen klären, bevor wir mit der Morgenmaschine nach Guantanamo fliegen.

Es ist 4:30 Uhr, als unser Fahrer vor dem Eingang des US-Marinestützpunktes hält. Wir warten im Dunkeln in der Nähe des Haupteingangs. Ich sehe die Silhouetten von Militärpolizisten im Gebäude. Wie aus dem Nichts taucht Sergeant Keith Johnson aus der Dunkelheit auf. Er führt uns durch die Passkontrolle. Dann unterzeichnen Constantin und ich eine Erklärung mit folgenden Grundregeln:

»Die Vorschriften des Verteidigungsministeriums verlangen, dass zivile Personen während ihres Aufenthalts in Einrichtungen des Verteidigungsministeriums ständig von Personal des Verteidigungsministeriums begleitet werden. Die Begleiter werden den Medienvertretern helfen, zwischen zugänglichen und eingeschränkten Bereichen zu unterscheiden.«

Das bedeutet, dass wir nur das filmen dürfen, was sie uns erlauben.

»Korrespondenten tragen keine Waffen.«

Verständlicherweise.

»Um sensible Informationen zu schützen, werden die persönlichen Begleiter der Joint Task Force GTMO (kurz für Guantanamo) anwesend sein, wenn Medienvertreter mit Personal, das in dem Marinestützpunkt Guantanamo Bay, Kuba eingesetzt und stationiert ist, in Kontakt treten.«

Überlege dir gut, was du fragst.

»Es ist Medienvertretern untersagt, mit den Häftlingen zu kommunizieren. Die Aufnahme oder Beteiligung an einer Unterhaltung mit einem Häftling oder der Versuch, ein Statement von einem Häftling zu erbitten, sind Verletzungen dieser Grundregeln und haben die Einziehung des Presseausweises des Verteidigungsministeriums zur Folge. Film- und Fotomaterial, einschließlich Video- und Audioaufzeichnungen, wird nicht genehmigt, wenn es einzelne Häftlinge erkennen lässt.

Jede Missachtung dieser Grundregeln und auch der Regeln, die vom assoziierten Nachrichtendienst aufgestellt sind, führt zu einer der folgenden Maßnahmen: eingeschränkter Zugang zu GTMO, Entfernung von der Anlage und/oder Einziehung des Presseausweises des Verteidigungsministeriums.«

Eine Woche vor meinem Besuch wurde der Besuch eines Teams der BBC abgebrochen. Während ihrer Tour durch Camp Delta rief ein Gefangener zu ihnen herüber, dass er seine Geschichte erzählen wolle. Als der Reporter dem Gefangenen sagte, dass er vom BBC-Fernsehen sei, griff die Militäreskorte ein und unterband den Kontakt. Das BBC-Team wurde von Camp Delta geführt, und das Band mit der Unterhaltung wurde gelöscht.

Während des zweistündigen Fluges sitzt Sergeant Keith Johnson nah bei uns in dem vorderen Teil des Flugzeuges. Ein schwarzer Soldat, der viel lächelt, aber gleichzeitig sehr förmlich bleibt. Seine Aufgabe ist es sicherzustellen, dass wir die Vereinbarung einhalten. Er wird uns während der ganzen Reise begleiten.

Hinter uns sitzen leger gekleidete Passagiere. Ich war davon ausgegangen, dass das Flugzeug voller grimmig blickender Soldaten sein würde, aber es herrscht eine heitere Stimmung, fast wie im Urlaub. Viele Militärangehörige kommen mit ihren Familien aus dem Urlaub zurück. Es ist schwer sich vorzustellen, dass ich auf dem Weg zum sichersten Gefängnis der Welt bin. Um 10:25 Uhr landen wir auf dem einzigen US-Militärstützpunkt in einem kommunistischen Land.

Willkommen in Guantanamo

Als die Türen des Flugzeuges sich öffnen, schlägt mir die Hitze wie eine Welle entgegen. Während ich über das in der Sonne glühende Rollfeld zum kleinen Terminal gehe, bin ich überzeugt davon, dass dies der heißeste Ort der Welt sein muss. Ich erinnere mich, was der englische Häftling Ruhal Ahmed seinem Vater geschrieben hatte: »Es kocht hier wie in der Hölle.«

Am Terminal tauchen zwei weitere PR-Soldaten auf. Lieutenant Colonel Pamela Hart ist eindeutig die Chefin des Trios. Ständig spricht sie in kurzen, scharfen Sätzen, die wie Befehle klingen. Lt. Michael Moss spricht kaum ein Wort und macht sich ständig Notizen, wahrscheinlich über mich.

Die Sicherheitsvorkehrungen sind sehr streng. Bombenspürhunde suchen unsere Kameraausrüstung ab. Man gibt uns Fotoausweise, die wir ständig bei uns tragen müssen. Lt. Colonel Hart hat unsere dreitägige Tour bis ins letzte Detail ausgearbeitet. Zu den »Events« des heutigen Tages zählen eine Diashow und einige Filmaufnahmen von Camp Delta. Am frühen Nachmittag dürfen wir mit Gefängniswärtern sprechen. Morgen gehen wir in das Lager und besuchen die medizinischen Einrichtungen sowie die Küche und sprechen mit militärischem Personal. Am letzten Tag treffen wir den Kommandanten.

Die PR-Leute haben einen weißen Bus für uns organisiert. Er sieht aus wie ein amerikanischer Schulbus. Hinten wurden einige Sitze entfernt, um Platz für einen Kühlschrank zu machen. Wir bekommen eiskaltes Wasser, von dem die Gefangenen wahrscheinlich nur träumen können.

Sergeant Keith Johnson fährt vorsichtig über die gut ausgebaute Straße, immer knapp unter dem 25-Meilen-Limit. Um uns herum erstreckt sich eine kahle und steinige Wüste. Wir fahren die Küste entlang. Ich blicke auf das Meer und träume von einem Segelurlaub. Dann aber sehe ich schwer bewaffnete Kanonenboote, die an der

Küste patrouillieren. Wir fahren an Iguana-Warnschildern vorbei. Sergeant Johnson achtet sorgfältig auf diese prähistorisch aussehenden Echsen, die hier überall herumschlendern. Während wir fahren, trippeln vereinzelte Iguanas über die Straße. Bald darauf kommt in mir ein sehr surreales Gefühl auf. Ich sehe kleine Häuser, jedes mit einem sorgfältig getrimmten Rasen und einer Stars-and-Stripes-Fahne. Wie in einer kleinen amerikanischen Vorstadt. Es könnte auch eine Kulisse aus dem Film »Planet der Affen« sein.

Ich frage Sergeant Johnson, ob er manchmal Heimweh empfindet. »Wir haben hier im Lager einen McDonald's, ein Einkaufszentrum, sogar einen Golfplatz«, erklärt er mir.

»Ist es der einzige McDonald's in Kuba?«, frage ich.

»Der einzige McDonald's in Kuba«, bekräftigt Sergeant Johnson, und ich glaube, er ist stolz darauf.

Guantanamo ist ein kleines Stück Land von etwa 45 Quadratmeilen. Über 2000 Menschen, Soldaten und zivile Lieferanten, sind in Guantanamo Bay stationiert. Mehr als zwei Drittel der Militärangehörigen sind Mitglieder der Nationalgarde oder Reservisten. Ein 17 Meilen langer Zaun bildet die Grenze zum kommunistischen Kuba.

Um nach Camp Delta zu kommen, durchqueren wir die Bucht. Sergeant Johnson lenkt den Bus auf eine kleine Fähre. Während der Überfahrt deutet Captain Moss auf das Militärgerichtsgebäude, wo die Prozesse stattfinden werden.

»Ein Gericht mit Meeresblick«, sinniert er. Ich sage nichts.

Abassin konnte sich an die Fahrt auf der Fähre erinnern: »Ich befand mich mit vielen anderen Gefangenen auf dem Schiff. Wie viele es waren, weiß ich nicht, denn ich hatte die Augen noch immer verbunden. Ich trug keine Schuhe. Ich lag auf dem Boden. Als ich mich bewegte, trat mich ein Soldat mit seinen Stiefeln. So hatte ich mir die Schiffsreise, von der ich immer geträumt hatte, nicht vorgestellt.«

Von der Anlegestelle der Fähre bis zu Camp Delta fährt man ungefähr zwanzig Minuten.

Unterwegs haben wir einen Termin im Pressebüro. Ich möchte mit dem Drehen anfangen, aber Lt. Colonel Hart informiert mich höflich darüber, ich dürfe mir Notizen machen und sie zitieren, sofern ich das wünschen sollte. Mit anderen Worten: Vergiss das Filmen, bis ich es dir sage. Im Presseraum wird uns eine Diashow über Camp Delta gezeigt. Lt. Colonel Hart sagt, dass die Anlage aus vier Lagern besteht. Ein fünftes wird gerade errichtet. Camp 5, ein modernes, computergesteuertes Lager, soll über dreißig Millionen Dollar kosten.

Camp Delta ist für 1000 Häftlinge angelegt, derzeit befinden sich hier ungefähr sechshundertsechzig Häftlinge aus über vierzig Ländern. Jeden Tag gibt es ca. zweihundertfünfzig Verhöre. Informationen sind wertvoll im Kampf gegen den Terror.

Das Gespräch dauert zwanzig Minuten. Colonel Hart sieht mich an. »Irgendwelche Fragen?«, sagt sie. »Wie viele Häftlinge haben versucht, sich das Leben zu nehmen?«, will ich wissen.

»28 Versuche von 18 Kämpfern«, erwidert Lt. Colonel Hart.

Camp Delta

Kurz vor Camp Delta ist von der Atmosphäre eines Vorortes in Florida nichts mehr zu spüren. Wir passieren eine Kontrolle nach der anderen. Als wir uns dem äußeren Zaun nähern, läuft mir ein kalter Schauer über den Rücken. Auf der Straße patrouillieren offene Fahrzeuge mit aufgesetzten Maschinengewehren, Kaliber 50. Diese furchteinflößende Waffe ist bei den GI sehr beliebt. Eine Kugel kann ein leicht gepanzertes Fahrzeug durchschlagen und ein niedrig fliegendes Flugzeug zum Absturz bringen. Das MG hat eine Treffsicherheit von 1000 Metern und eine maximale Reichweite von 1800 Metern. Das sind Auskünfte, die man mir bereitwillig gibt.

Camp Delta sieht erbärmlich aus. Das Lager umgibt ein vier Meter hoher Zaun mit endlosen Spulen schweren Stacheldrahtes. Hinter dem Maschendrahtzaun befindet sich ein weiterer Zaun, der komplett mit einer grünen Plane bedeckt ist. Man kann nicht sehen, was dahinter ist.

Die einzigen Farbtupfer neben diesem trüben Grün sind die vielen Stars-and-Stripes-Fahnen, die in Camp Delta an den Masten wehen. Sollen sie die Gefangenen daran erinnern, wer sie gefangen genommen hat? In regelmäßigen Abständen stehen Wachtürme, auf denen Scharfschützen das Gelände beobachten. Ich sehe Überwachungskameras, die entlang dem Zaun installiert sind. Alles wird überwacht und kontrolliert.

Zwar kann ich es kaum fassen, aber über mir kreisen ein paar Geier. Eine Gattung, die man in Kuba häufig findet, der »Turkey Vulture«. Ich fühle mich wie auf dem Set eines schlechten Western. Die großen Vögel mit einer Flügelspanne von ungefähr siebzig Zentimetern kreisen über den Gefangenen, als ob sie auf ihren Tod warten würden. Außer ihnen sehe ich keine anderen Vögel.

»Sie können von hier aus filmen, aber von keinem anderen Platz aus«, sagt Lt. Colonel Hart.

Wir sind am Haupteingang von Camp Delta. Über dem Tor hängt ein 1,20 x 2,60 m großes Schild, auf dem in leuchtend roten Buchstaben steht: »Ehre verpflichtet, die Freiheit zu verteidigen«. Das ist das Motto der Spezialeinheit von Guantanamo Bay.

»Die da drinnen haben wenig Aussicht auf Freiheit, ist das Motto nicht ein bisschen ironisch?«, frage ich Lt. Moss. »Wir haben nur noch fünf Minuten bis zum nächsten Treffen«, antwortet er.

Kurz vor unserer Abfahrt höre ich ein Zischen und dann einen klageartigen Laut aus den Lautsprechern des Lagers. Fünfmal am Tag hallt der muslimische Ruf zum Gebet durch Camp Delta. Natürlich sieht man nirgendwo eine Moschee. Hinter dem Zaun sind Hunderte von Männern in Maschendrahtkäfigen. Plötzlich realisiere ich etwas eigentlich ganz Offensichtliches. Alle Gefangenen im Lager sind Muslime, während die Bewacher fast alle Christen sind. Das ist eine Tatsache.

Die Tour geht weiter. Sergeant Johnson bringt uns nach Camp America, das nur eine Viertelmeile von Camp Delta entfernt liegt. Hier habe ich die Möglichkeit, mit einigen Wächtern zu sprechen und mir die Anlage anzuschauen. Die Hitze ist unerträglich wie der erste Schwall heißer Luft, wenn man einen Ofen öffnet. Ich habe Schuldgefühle, weil ich eiskaltes Wasser trinke. Ständig muss ich an die gefangenen Menschen in Camp Delta denken. Ich nehme an, dass sie warmes Leitungswasser trinken.

Unsere PR-Eskorte führt uns durch Camp America. Die Soldaten, die hier stationiert sind, sorgen dafür, dass niemand aus Camp Delta flüchtet. Sie leben in wetterfesten Sperrholzhütten. Jede Hütte hat eine Klimaanlage und kann zehn Leute beherbergen. Meine Begleiter zeigen mir eine typische Hütte. Die Etagenbetten sind sorgfältig gemacht. Ich sehe ein zum Trocknen aufgehängtes T-Shirt mit dem Aufdruck: »Willkommen im Taliban-Bau«. Einzigartiger militärischer Humor in Guantanamo Bay. Außerdem gibt es hier Erinnerungen an die Heimat. Eine Kinderzeichnung zeigt ein rotes Kreuz über einem Tisch, der mit Stars and Stripes geschmückt ist. Unter der Verzierung steht: »Gott segne Amerika«.

In Camp America gibt es Hunderte solcher Hütten. Nicht alle Hütten sind Schlafquartiere. Es gibt einen Internetraum, eine Sporthalle, eine Kapelle und eine Erste-Hilfe-Station. Eine Versetzung nach Guantanamo Bay gilt als »guter« Auftrag. Hier ist man viel sicherer als im Irak oder in Afghanistan.

Wir stellen unsere Kamera mitten im Lager zwischen den Hütten auf. Zwischen Baumaterial, Bulldozern, Baggern, Generatoren und Holzstapeln patrouillieren Soldaten. Camp America expandiert. Während Lt. Colonel Hart nach meinen Interviewpartnern sucht, habe ich die Gelegenheit, auf mein Thermometer zu schauen. Einundvierzig Grad Celsius. Ich halte das Messgerät unauffällig vor die Kamera. Lt. Colonel Hart nähert sich zusammen mit dem Soldaten Herbert Harman. Er arbeitet auf dem Wachturm und hat einen guten Überblick über Camp Delta.

Frage: »Haben Sie als Wächter manchmal Mitleid mit den Häftlingen?«

Antwort: »Nein, habe ich nicht.«

Frage: »Wie ist es, in Camp Delta zu arbeiten?«

Antwort: »Die Atmosphäre ist ganz anders, als es manche Leute gewöhnt sind, aber es ist so ähnlich wie andere Gefängnisse. Mit der Ausnahme, dass wir in einem tropischen Klima in der Karibik sind. Es ist hier etwas wärmer als in New York.«

Frage: »Es ist wirklich heiß und sie sind im Gefängnis.«

Antwort: »Ich bin auch in der Hitze.«

Frage: »Was sehen Sie?«

Antwort: »Ich sehe so ziemlich das ganze Lager. Ständig kann man hören, wie sie ihre muslimischen Rituale durchgehen, wenn sie beten. Sie scheinen alle sehr fromm zu sein. Ob das was damit zu tun hat, dass sie im Gefängnis sind – oder in einer Haftanstalt – ich glaube, wir sollten das Wort Gefängnis nicht verwenden, aber sie sind schließlich in Käfigen oder so etwas.«

Meine Begleiter wirken nicht sehr glücklich über diese Bemerkung.

Der zweite Lagerwärter ist der Soldat James Brunson. Ich will versuchen, etwas über die Verhörmethoden herauszufinden.

Frage: »Was empfinden Sie gegenüber den Menschen, die hier gefangen gehalten werden?«

Antwort: »Ich bin weder Richter noch Geschworener. Ich bin hier unten, um diese Leute zu bewachen, sie zu schützen, und ich halte meine persönlichen Gefühle da raus.«

Frage: »Wie oft sehen Sie, dass Menschen zum Verhör geführt werden?«

Antwort: »Also ...«

Er will gerade antworten, als Lt. Moss unterbricht: »Darüber sprechen wir nicht.«

Es ist nicht leicht, die Leute zu befragen, da meine Eskorte mir ständig im Nacken sitzt. Sie machen sich fortwährend Notizen und unterbrechen mich, während ich Fragen stelle. Ich spreche mit Sergeant Crockett, einem Wächter, der am Umgebungszaun patrouilliert. Als ich ihn frage, wie er einen flüchtenden Häftling ergreifen würde, fällt mir Lt. Colonel Hart ins Wort: »Darüber sprechen wir nicht.«

Command Sergeant Major John Short ist ein altgedienter Soldat. Er beaufsichtigt einige der Wächter, die in Camp Delta arbeiten.

»Unsere Soldaten sind Menschen, die Häftlinge sind Menschen. Ich habe Gespräche zwischen Soldaten und Häftlingen beobachtet, die neutral waren, einfaches Geplauder, nichts Feindliches. Sie sind nicht aufeinander wütend, sie führen nur manchmal Gespräche. Ich denke, unsere Leute erkennen, dass das menschliche Wesen sind, die inhaftiert wurden.«

In Abassins Schilderung klingt das völlig anders. Er erinnert sich daran, dass er nur angeschrien wurde: »Ich war hilflos, und ich hatte Angst, etwas zu fragen. Niemand kümmerte sich um mich, wenn es mir schlecht ging.«

Command Sergeant Major John Short fasst das Selbstverständnis der Soldaten zusammen: »Unsere Truppen wissen, dass sie hier einen wichtigen Beitrag im Kampf gegen den Terror leisten. Sie sind sehr stolz darauf, dass sie hier ihrem Land dienen und versuchen können, einen weiteren 11. September zu verhindern.«

Handelt die US-Armee richtig, wenn sie Hunderte von Muslimen ohne Verfahren festhält? Ist es legitim, Unrecht zu schaffen, um den Terrorismus zu bekämpfen? Ich gehe hinüber zu einer Kapelle. Diese

Hütte ist spärlich eingerichtet. Es gibt nur einen provisorischen Altar mit einem gekreuzigten Christus, der mir direkt ins Auge blickt. Jesus starb am Kreuz, um uns von unseren Sünden zu erlösen, und nicht, um uns zu bestrafen.

Es ist angenehm kühl in der Kapelle. Auftritt von Lt. Colonel Herb Heavner, den Armeekaplan, der sich um die spirituellen Bedürfnisse der Soldaten in Camp Delta kümmert. Ich gehe davon aus, dass ein Mann der Kirche Mitleid mit den Unterdrückten hat.

»Soweit es um meine persönlichen Gefühle geht, ich spüre keinen Zorn gegen sie wegen des Vorfalls am 11. September. Wir wissen nicht, weswegen welcher Häftling wegen was beschuldigt wird.«

»Aber ist es richtig, die Menschen ohne Prozess und Anklage festzuhalten?«, frage ich.

Er erwidert: »Ich konzentriere mich auf das, was ich für meine Aufgabe halte, meine Mission, der Verkünder der frohen Botschaft zu sein, dass der Gott, an den ich glaube, da ist, um jedem Individuum, gleich welcher Rasse oder welcher Religion, Kraft und Stärke und Führung zu geben.«

Zugegeben, die Muslime in Camp Delta brauchen sicherlich viel Kraft und Stärke. Sie haben auch einen eigenen muslimischen geistlichen Berater: Captain Youssef Yee, Absolvent der renommierten West-Point-Offiziersakademie. Captain Yee, ein Amerikaner chinesischer Abstammung, wurde als Lutheraner geboren und konvertierte 1991 zum Islam. Ich beginne, wie üblich, mit einer netten Frage über seine Rolle als Armeekaplan.

Er setzt an: »Also zunächst einmal habe ich als Kaplan, wie viele andere im Camp, Zugang zu den Häftlingen und ...«

Plötzlich unterbricht ihn eine Fanfare. Captain Yee steht augenblicklich stramm und salutiert in Richtung des nächsten Fahnenmastes. Vor ein paar Stunden hörte ich den muslimischen Ruf zum Gebet, und jetzt ertönt das Hornsignal der US-Armee. Zwei unterschiedliche Welten mit zwei verschiedenen Ritualen. Captain Yee steht stramm, wenn er das Signal hört. Außerdem betet er fünfmal am Tag. Was er wohl tut, wenn beide Signale gleichzeitig ertönen?

Captain Yee erscheint mir als der Prototyp des amerikanischen muslimischen Bürgers. Die Art, von der die Regierung träumt.

Frage: »Sie sind jetzt seit einem Jahr hier. Welche wesentlichen Veränderungen haben Sie beobachtet?«

Antwort: »Ich habe eine Reihe von Verbesserungen erlebt, seit ich hier bin. So habe ich dabei geholfen, Grundsätze und Verfahren zu formulieren, um sicherzustellen, dass wichtige religiöse Feiertage eingehalten werden, und dem Kommando empfohlen, die Verpflegungspläne während des heiligen Monats Ramadan anzupassen. Ich bin hier, um jede Sorge entgegenzunehmen, um ihnen bei der Lösung von Problemen zu helfen.«

Als ich ihn nach einem Beispiel frage, erwidert er: »Ich habe unzählige Bitten erhalten, eine Ausgabe des Korans zu besorgen, damit sie diesen in ihrem Besitz haben, um zu lesen. Auch andere Bücher aus der Bücherei, Gebetsketten, Gebetskappen, solche Sachen.«

Frage: »Lassen Sie jemals persönliche Gefühle aufkommen, etwa ›Meine muslimischen Brüder leiden‹?«

Antwort: »Ich würde sagen, dass jeder professionelle Soldat sich auf jede Mission oder Aufgabe konzentriert, die man ihm gegeben hat, und versucht, diese Mission in der bestmöglichen Weise auszuführen. Ich als Kaplan gehe in jede Situation mit einer positiven Einstellung und versuche in der Situation in jeder Weise zu helfen, wie ich kann.«

Kurz nachdem ich Guantanamo Bay verlassen habe, wurde Captain Yee wegen Spionage und des Vorwurfs der »unangemessenen« Hilfe für die Gefangenen verhaftet.

Abassin konnte sich gut an den muslimischen Kaplan erinnern: »Er stand vor den Zellen und fing an zu beten. Ich war nicht sicher, ob ich jetzt beten sollte. Er war mir ja fremd und trug die Uniform der Soldaten.«

Der Tag geht langsam zu Ende. Wir sind seit 3:30 Uhr morgens wach und haben einen langen Tag in sengender Hitze verbracht. Morgen werden wir Zugang zu Camp Delta erhalten.

Sergeant Johnson fährt uns zurück zur Fähre. Er hält einmal, weil sich ein Iguana auf der Straße sonnt. Der Sergeant mag Tiere.

Im Inneren von Camp Delta

Früh am Morgen, um 8:20 Uhr, nähern wir uns Camp Delta. Schwer bewaffnete Soldaten patrouillieren am äußeren Zaun. Die Sicherheitsvorkehrungen sind streng, Tag und Nacht.

Wir passieren ein Tor nach dem anderen. Ich verstehe jetzt, warum die Soldaten diesen Ort auch »The Wire« nennen. Das Innere von Camp Delta besteht aus Stahlcontainern, Maschendrahtzäunen und Stacheldraht. Soldaten patrouillieren mit Wachhunden. Unsere Begleitung besteht aus unserer üblichen Eskorte und dem Reservisten Command Sergeant Major John Van Natta. Er ist der Superintendent von Camp Delta, ein Mann von Mitte fünfzig, der einen großen Teil seines Lebens in Strafanstalten gearbeitet hat.

Wir gehen an Containern vorbei, die mit grünen Tüchern abgedeckt sind. Ich sehe keinen Menschen, aber arabische Stimmen dringen nach draußen. Ich sauge alle Geräusche und Bilder in mich auf. Meine Begleitung führt uns rasch zu einem leeren Zellenblock. Das Gebäude besteht aus Transportcontainern. Sie wurden nebeneinander gestellt, dann zusammengeschweißt und in einzelne Zellen umgebaut. Anfangs hatten die Gefangenen Schwierigkeiten, sich an ihre neue Umgebung zu gewöhnen. Sie gingen in Hungerstreik und warfen »Wasser« nach ihren Wärtern, ein Euphemismus für Urin, wie mir Van Natta erklärt.

»Es gab einigen beleidigenden Unsinn«, sagt er, »einen Mangel an

Kooperation. So wurden Sachen nicht zurückgegeben, etwa nach dem Essen. Dinge wurden aus der Zelle geworfen, sie brüllten und schrien Obszönitäten und solche Sachen. Aufwiegler-Typen verschlechtern das Milieu. Aber seit einiger Zeit ist das Lager sehr ruhig, die Leute kooperieren, und wir haben kaum Probleme.«

Die Gefangenen werden in zwei Reihen mit vierundzwanzig einzelnen Zellen gehalten. Ich stehe in einem drei bis vier Meter breiten Korridor. An jedem Ende befindet sich ein großer Ventilator. Jeder Gefangene lebt in einer kleinen Zelle. Es gibt ein Stahlbett, ein kleines Waschbecken und – gegenüber der Zellentür – ein Loch im Fußboden, das als Toilette dient. Ich denke, dass das für alle Beteiligten eine peinliche Situation ist, besonders wenn weibliches Wachpersonal die Aufsicht hat.

Abassin berichtete, dass er versuchte, sein Betttuch vor das Gitter zu spannen, wenn er die Toilette benutzte. Aber die Bewacher haben das sofort verboten.

Die Wände und die Tür der Zellen sind aus grünem, feinmaschigem Stahlnetz gebaut. Nicht einmal ein Finger passt durch die Maschen. In jeder Zelle ist mit weißer Farbe ein Pfeil aufgemalt, der nach Mekka, 7945 Meilen (12 793 km) entfernt, zeigt.

»Die Wächter gingen ständig den Korridor zwischen den Zellen ab, Tag und Nacht. Das Licht war immer an«, erzählt Abassin. »Ich erhielt, gemeinsam mit einem anderen Gefangenen, mindestens zweimal in der Woche eine halbe Stunde Auslauf. Bei guter Führung gestatteten die Wächter es uns an weiteren Tagen. Ich durfte in einer 10 x 10 Meter großen eingezäunten Anlage umhergehen. Danach gab es eine fünfminütige Dusche. Es war sehr heiß, aber immerhin hatte ich fließendes warmes Wasser.«

Die Tour geht weiter. Unser nächstes Ziel ist Camp 4 von Delta Camp, wo die Häftlinge mit »guter Führung« gehalten werden, wie mir CSM Van Natta erklärt. »Wir haben vier verschiedene Verhaltensebenen, und Ebene 4 ist für bestes Verhalten, Nummer 1 für das schlechteste, 2 und 3 liegen dazwischen.«

Auf dem Weg zu Camp 4 kann ich einen kurzen Blick auf einen Gefangenen in einer der mit grünen Tüchern bedeckten Zellen erhaschen. Soll das Tuch vor der Hitze oder vor neugierigen Blicken schützen? Ich sage nichts zu meiner Eskorte.

Im Camp 4 sehe ich Gruppen von Männern in einheitlicher weißer Kleidung. Einige sitzen an einem Klapptisch, ähnlich einem Picknicktisch. Andere sind hinter dem Drahtzaun und schauen uns an. Aus Neugierde bleibe ich einen Moment stehen. Bis jetzt kannte ich nur die Bilder von den Männern in den orangefarbenen Overalls. »Es geht darum, dass wir die Leute aus Camp 1, 2 und 3, die leuchtendes Orange tragen, von weitem erkennen können. Sie sind gut zu sehen. In Camp 4 tragen alle Weiß. Sie sind angesehener. Es soll ein Anreiz für die Häftlinge sein, weiße Kleidung zu tragen«, erläutert mir CSM Van Natta.

Laut Abassin bestehen die orangefarbenen Overalls fast zu hundert Prozent aus Polyester und sind in der sengenden Hitze äußerst unangenehm zu tragen.

Für einen endlosen Moment suche ich den Blickkontakt zu den Männern in Weiß. Sie sind nur wenige Meter von mir entfernt. Ich weiß, dass es unhöflich und respektlos ist, Menschen in Drahtkäfigen anzustarren. Diese Männer sind keine Tiere im Zoo, aber es ist für mich wichtig, ihre Gesichter zu sehen.

Ich suche nach Murat Kurnaz. Gerne würde ich seiner Mutter sagen können, dass er gesund und wohlauf ist. Ich suche nach blauen Augen und einem jungen Gesicht, aber es gibt hier viele junge Männer. Anscheinend haben alle einen Bart. Man hat ihnen eingeschärft, dass sie nicht mit uns sprechen dürfen. Andernfalls würde man sie wieder in die Käfige schicken. Zurück in ein Leben in Einzelhaft. Hier haben sie gemeinsame Schlafsäle, sie essen, sprechen und beten zusammen. Ich bleibe zu lange stehen. Sie starren mich mit traurigen Gesichtern an.

»Weiter, gehen Sie weiter«, drängt meine Eskorte.

Anschließend besuchen wir die medizinischen Einrichtungen in Camp Delta. Das US-Militär ist sehr stolz auf seine Versorgung der Häftlinge. Es gibt einen Operationssaal, eine Abteilung für Prothesen, Röntgengeräte und eine zahnärztliche Abteilung.

»Was ist mit der tropischen Hitze? Gibt es viele Fälle von Dehydration, also Austrocknung durch Wasserentzug«, frage ich Captain John Edmondson von der medizinischen Truppe.

»Wir sind uns der Belastung, der diese Leute durch die Hitze ausgesetzt sind, durchaus bewusst und unternehmen alles, um sicherzustellen, dass wir sie nicht belasten. Auf der einen Seite begrenzen wir körperliche Aktivitäten, auf der anderen Seite sorgen wir für eine angemessene Flüssigkeitsaufnahme.«

»Es gab ausreichend Wasser, aber es gab zwei große Klimaanlagen, die nie funktionierten. Nur heiße Luft kam aus den Anlagen in die Zellen. Die Soldaten haben die Anlagen nicht ausgeschaltet, im Gegenteil, ich denke, sie haben das Gebläse absichtlich noch heißer eingestellt«, berichtet Abassin.

Captain Edmondson fährt fort: »Am Anfang sahen wir mehr kriegsbedingte Verletzungen, Schusswunden oder Schrapnell-Wunden. Jetzt haben wir es mehr mit den typischen Problemen zu tun, die man in jeder Gruppe dieses Alters finden würde.«

Etwas, das man sicherlich nicht »typisch« nennen kann, ist die hohe Selbstmordrate in Camp Delta. Eineinhalb Jahre nach dem Eintreffen der ersten Gefangenen erklärte das Pentagon, dass es achtundzwanzig Selbstmordversuche gegeben hat. Das ist in einem Gefängnis mit circa sechshundertdreißig Männern eine hohe Rate. Captain Edmondson stellt das so dar:

»Ich würde sagen, die Selbstmordrate resultiert aus verschiedenen Faktoren. Sicherlich tragen die Situation und die Bedingungen hier im Lager zu einem gewissen Teil bei. Aber viele der Häftlinge kamen mit verschiedenen mentalen Problemen hier an, was ebenfalls zur Situation beiträgt.«

Für viele Menschen in Camp Delta ist es deprimierend, über die Zukunft nachzudenken. Ein Fünftel der Gefangenen bekommt Antidepressiva. Im März 2003 wurde in Camp Delta eine psychologische Abteilung eröffnet. Es gibt Vorkehrungen, um die Gefangenen vom Selbstmord abzuhalten. CSM John Van Natta erklärt: »Sie werden fortwährend überwacht. Wir haben zu jeder Zeit eine direkte Aufsicht, und ein Versuch kann umgehend behandelt werden. Zusätzlich dazu werden bei jedem, der Anzeichen von Depression oder Selbstmordabsichten zeigt, die Psychologen herbeigerufen. Wenn sie annehmen, dass ein Risiko besteht, verlegen wir ihn in die psychologische Abteilung, so dass er direkt beobachtet werden kann, bis er diese depressive Phase überwunden hat.«

»Ich habe kein natürliches Licht gesehen, auch nicht, wenn ich zweimal in der Woche zum Duschen ging. Ich wurde vierundzwanzig Stunden rund um die Uhr beobachtet. Ich konnte mich auf nichts mehr konzentrieren. Die anderen Gefangenen fingen an, sich wie Kleinkinder zu verhalten. Sie weinten wie ein Kind, das von der Mutter weggenommen wird. Ich habe das mehrmals beobachtet, als ich zum Verhör gebracht wurde«, erinnert sich Abassin.

Das Regime in Guantanamo ist darauf ausgerichtet, den Willen des Einzelnen durch enormen Druck zu brechen. Hätten die Gefangenen Kontakt zur Außenwelt, wäre die Macht der Verhörer über sie nicht so schrankenlos. »Tun Ihnen die Häftlinge nicht Leid?«, frage ich CSM Van Natta.

Er überlegt und antwortet dann:

»Ich fühle mit jedem, der eingesperrt ist, sowohl hier als auch in den Staaten. Aber ich sehe auch, dass sie eine Gefahr darstellen, nicht nur für die USA, sondern für die Welt, und weil sie terroristische Akte vorbereiten, sehe ich auch, dass ihre Inhaftierung hier das Leben eines anderen irgendwo anders ein wenig besser und weniger gefährlich macht.«

Laut CSM Van Natta werden die Gefangenen in Camp Delta ähnlich behandelt wie die Häftlinge in den Vereinigten Staaten. Das betrifft die Größe der Zellen, das regelmäßige Essen, die medizinische Versorgung, die freie Religionsausübung. Aber Van Natta, der auf jahrelange Erfahrung im amerikanischen Strafvollzug zurückblicken kann, sieht auch einen wesentlichen Unterschied zwischen den beiden Systemen:

»In Indiana, wo ich normalerweise arbeite, liegt der Schwerpunkt der Arbeit in der Haftanstalt – und eigentlich in allen Gefängnissen – auf der Rehabilitation, der Verhaltensänderung. Hier ist die Aufgabe überwiegend geheimdienstlicher Natur.«

Daraus aber ergibt sich ein zweiter wichtiger Unterschied: Um geheimdienstliche Informationen zu sammeln, beharrt das US-Militär auf der zeitlich unbegrenzten Inhaftierung der Gefangenen – auch wenn kein Beweis einer Straftat vorliegt. Die Häftlinge von Guantanamo Bay sind völlig im Ungewissen über ihre Zukunft.

»Ich wusste nie, ob ich meine Familie jemals wieder sehen würde. Ich wusste nie, ob jeder verstreichende Tag ein Schritt in Richtung Freiheit war«, sagt Abassin. »Ich wusste nur, dass sie kommen würden, um mich zu verhören.«

Belohnung und Strafe

Das System von Belohnung und Bestrafung ist sehr ausgeklügelt. Es geht darum, immensen Druck auf die Gefangenen auszuüben, damit sie reden und reden. Man arbeitet mit »Zuckerbrot und Peitsche«, um Informationen zu erlangen. Der Kommandant von Camp Delta,

Colonel Adolph McQueen, erläutert mir eines der »Behandlungs-programme«: »Wir wählen einen Block aus, der sich über die ganze Woche positiv verhalten hat. Dann geben wir ihnen zusätzliche Mahlzeiten, zusätzliche Beilagen zu ihren Mahlzeiten. Das können Süßigkeiten sein, das kann alles sein, was als Zeichen der Belohnung für ihre Kooperation in der Woche gesehen werden kann. Daher zeigt sich der größere Teil der Insassen in Camp Delta kooperativer.«

Lebensmittel sind in Guantanamo Bay eine wertvolle Waffe im Kampf gegen den Terror. Die orange gekleideten Gefangenen der Lager 1, 2 und 3 bekommen zwei Mahlzeiten am Tag, zum Frühstück und zum Abendessen. Sie essen allein in ihren Zellen. Die weiß gekleideten Gefangenen bekommen drei Mahlzeiten am Tag. Außerdem können sie sich zusammensetzen und beim Essen miteinander sprechen. Alle Gefangenen sollen begreifen, dass sie besondere Privilegien beim Essen erhalten, wenn sie mit dem Militär kooperieren.

Chief Warrant Officer James Kluck, ein Reservist von Mitte fünfzig, leitete die Versorgung der Universität von Michigan. Jetzt ist er in Camp Delta für die Lebensmittelverteilung zuständig. Er beaufsichtigt fünfundvierzig Küchenarbeiter, die das Essen zubereiten, das von einem Zulieferer in Florida hergestellt wird. Das Essen wird aufgewärmt und an die Insassen verteilt.

»Das Grundmenü ist das gleiche, am Freitagabend bekommen die Häftlinge der mittleren Sicherheitsstufe aber einige Sachen extra«, erklärt er mir voller Begeisterung. »Am Freitagabend kriegen sie all die süßen Sachen. Sie bekommen Datteln, Honig, Kuchen, süße Sachen mit ihrem regulären Essen. Während der Woche werden andere Sachen in ihr Menü integriert, z. B. Erdnussbutter.«

Wenn die in schwere Ketten gelegten Gefangenen der Lager 1, 2 und 3 zum Verhörraum gebracht werden, führt das Militär sie absichtlich am Camp 4 vorbei.

»Die Anlage liegt unten neben dem Krankenhaus, und wenn die

Häftlinge dorthin gehen, kommen sie an der mittleren Sicherheitsanlage vorbei. Dort können sie die Leute in der offenen Picknickzone sehen, wo sie sich also selbst bedienen und sich Zeit zum Essen nehmen können«, berichtet Chief Warrant Officer James Kluck, während er die grünen Lebensmittelpackungen aus Styropor sortiert. Er fährt fort: »Sie können die zusätzlichen Lebensmittel riechen, die sie auch haben könnten. Alle diese Sinneswahrnehmungen nehmen sie mit in ihren Hochsicherheitstrakt. Das alles gehört zum Anreizprogramm, damit die Häftlinge ihre Informationen den Geheimdiensten mitteilen, um den Krieg gegen den Terror zu führen.«

Gerade als ich die Küche verlassen will, überreicht Sergeant Johnson Officer Kluck hastig ein Plastikteil. Officer Kluck hat vergessen, etwas zu erwähnen, das er für sehr wichtig hält.

»Dies ist die berüchtigte ›Gaffel‹, eine klassische Kombination aus Gabel und Löffel.« Er hält sie hoch, damit ich sie sehen kann. »Jeder benutzt das gleiche Teil. Ursprünglich haben wir einen Löffel und eine Gabel ausgeteilt, aber ein Kombinationsprodukt ist für die Wächter ein Teil weniger, das sie zählen müssen. Alles, was in die Zelle hineingeht, wird gezählt, und alles, was aus der Zelle herauskommt, wird gezählt. Die Häftlinge können sie nicht dazu verwenden, die Toiletten zu verstopfen oder sich zu verletzen.«

Während meines Besuchs wird mir gleich von drei Militärangehörigen stolz erzählt, dass die Häftlinge im Durchschnitt 5,9 Kilo zugelegt haben. Guantanamo ist eines der wenigen Gefängnisse der Welt, in dem die Gefangenen zunehmen.

Aus Rücksichtnahme auf die besonderen muslimischen Essensregeln werden die Mahlzeiten mit einem so genannten Halal-Zertifikat ausgeliefert. Das US-Militär betont, dass muslimische Besonderheiten berücksichtigt werden, und streicht die Errungenschaften auf diesem Gebiet heraus. CSM Van Natta erzählt mir: »Wir sind für ihre Religion sensibilisiert. So glauben sie etwa, dass niemand, der nicht ihren Glauben teilt, den Koran berühren sollte. Während üblicherweise in den Staaten der Koran von Gefängniswächtern durchsucht würde, machen das hier nur Muslime. Das Gleiche gilt für die Duschen. Üblicherweise wurden sie von männlichen und weiblichen Militärpolizisten dorthin geführt. Wir sind hier vorangekommen und haben eine Änderung vorgenommen, so dass nur noch männliche MP die Duschen überwachen, um ihr Schamgefühl nicht zu verletzen.«

Aber – wie ich herausfinden sollte – zeigt das System in Guantanamo auch Risse. Ein Problem für die meisten dieser Männer mit islamischem Glauben sind die weiblichen Wärter. Viele der Muslime in Guantanamo kennen bislang nur die Frauen ihrer eigenen Gesellschaft. In Afghanistan tragen die meisten Frauen eine Burka, das Gewand, das sie von Kopf bis Fuß verhüllt, und sie würden niemals mit einem fremden Mann reden. Einige Muslime treffen hier zum ersten Mal auf Frauen in verantwortlichen Positionen, Frauen, die sogar das Kommando über Männer führen. Das ist für sie eine tägliche Demütigung.

Ich spreche mit einer Wächterin in Camp Delta.

»Sie werden lieber von Männern bewacht«, erzählt Prison Warden Specialist Shayla Johnson. »Sie ziehen es vor, von Männern zu den Duschen oder zum Ausgang gebracht zu werden, obwohl wir diese Aufgabe manchmal übernehmen müssen. Sie wollen wirklich nicht raus, wenn eine Frau sie rausbringt, aber wenn sie müssen – dann müssen sie.«

Es wird langsam Abend, und meine Tour durch Guantanamo nähert sich dem Ende. Vor dem Treffen mit dem Kommandanten von Guantanamo Bay werden wir noch eine weitere »Haftanlage« besichtigen. Sergeant Johnson fährt über eine schmale Straße abseits der üblichen Wege. In der idyllischen Landschaft mit der Karibik im Hintergrund entdecke ich ein kleines Gebäude. Das ist Camp »Iguana«. Der Außenzaun ist wie in Camp Delta mit grünen Planen bedeckt. Insassen können nicht nach außen schauen und das herrlich glitzernde Meer sehen.

In diesem Gebäude sind Kinder untergebracht, die die Vereinigten

Staaten als feindliche Kämpfer betrachten. Hier ist es nicht ganz so furchteinflößend wie in Camp Delta: Der Zaun ist mit vier Metern etwas niedriger, und die Flutlichter sind nicht ganz so grell. In diesem kleinen Gebäude leben drei Jungen im Alter von dreizehn bis fünfzehn Jahren. Ihr Wächter, Lieutenant David Wodushek, gibt nur zögernd die Zahl der Insassen preis, aber ich erkenne drei sorgfältig gemachte Betten. Ich sehe auch einige englischsprachige Abenteuerbücher und Brettspiele.

»Die Jugendlichen sind äußerst gehorsam und höflich zur Militärpolizei«, sagt Lt. Wodushek. »Sie werden auch mit größtem Respekt behandelt. Wir haben Mediziner und Sozialarbeiter, die sich mit ihnen beschäftigen.«

Ich frage ihn: »Sie sind noch Kinder und wurden von ihren Eltern getrennt. Tun sie Ihnen nicht Leid?«

»Dazu kann ich nichts sagen«, antwortet er.

Der Kommandant

Nun folgt der »Höhepunkt« unserer Tour: das Interview mit Brigadier General James Payne, dem Kommandanten der Truppen in Guantanamo Bay. Commander Payne ist Absolvent des Army War College und hat Erfahrungen aus unzähligen Kommandos im aktiven Dienst. Nach dem Golfkrieg von 1991 wurde er demobilisiert. Gut zehn Jahre später, im Oktober 2002, verließ Commander Payne seinen Posten als Präsident und Makler einer Immobilienfirma in Florida, um die Operation »Enduring Freedom«, die militärische Antwort auf den 11. September, zu unterstützen.

Der Kommandant ist sehr versiert im Umgang mit Public Relations. Er nennt mich beim Vornamen, was sehr liebenswürdig ist, aber wirklich nicht das, was ich von einem Kommandanten erwartet hätte. Ich bin die formelle deutsche Anredeform gewöhnt. Meine ständige

Begleiterin, Lt. Colonel Hart, zeichnet das Interview mit dem Kommandanten auf. Als Erstes spreche ich ihn auf Camp Iguana an. Ich bin entsetzt, dass diese Kinder Tausende von Meilen von zu Hause entfernt in einem Lager festgehalten werden. Tausende von Meilen entfernt von ihren Familien.

»Ich glaube, die Behandlung der jugendlichen feindlichen Kämpfer ist eine wirkliche Erfolgsstory«, erwidert der Kommandant. »Sie waren Jugendliche mit einer tragischen Hintergrundgeschichte, sie wurden entführt und zum Wehrdienst gezwungen. Wir haben alles getan, um sicherzustellen, dass sie human untergebracht wurden und die Bedürfnisse eines Jugendlichen berücksichtigt werden.«

Frage: »Weshalb werden diese Jugendlichen hier gefangen gehalten?«

Antwort: »Also, James, wir halten ungesetzliche feindliche Kämpfer gefangen. Diese Personen sind alle auf dem Schlachtfeld im direkten Konflikt mit der Armee der Vereinigten Staaten oder der Armee unserer Verbündeten verhaftet worden. Sie haben die Absicht und die Bereitschaft gezeigt, uns oder unseren Verbündeten und unseren Interessen in der Welt zu schaden.«

Frage: »Warum nennt man sie feindliche Kämpfer und nicht Kriegsgefangene?«

Antwort: »Also, James, das ist eine politische Entscheidung, die auf der obersten Ebene unserer Regierung getroffen wurde. Wir halten hier keine Kriegsgefangenen, sondern nur ungesetzliche feindliche Kämpfer.«

Frage: »Warum darf ich die Häftlinge nicht filmen? Warum darf ich nicht mit ihnen sprechen?«

Antwort: »Wir erlauben aus verschiedenen Gründen keine Filmaufnahmen in Camp Delta. Erstens aus Geheimhaltungsgründen. Wir gestatten keine Bilder aus dem Inneren des Lagers in den öffentlichen Medien. Zweitens geht es natürlich um die Sicherheit unserer Kräfte, die hier jeden Tag arbeiten, und drittens, James, wollen wir nicht, dass die Häftlinge in irgendeiner kommerziellen Weise zur

Schau gestellt werden. Wir wollen nicht, dass ihre Würde weltweit untergraben wird, indem man sie den Medien aussetzt.«

Frage: »Gehen Sie davon aus, dass die Haftanlage irgendwann einmal voll ausgelastet sein wird?«

Antwort: »Also, wir haben wirklich kaum Einfluss auf die Menge der Häftlinge, die nach Camp Delta kommt. Wir sind zurzeit nicht voll ausgelastet. Aber ich sage Ihnen, dass wir bereit sind, die Menschen aufzunehmen, die auf dem Schlachtfeld aufgegriffen werden und deren Aufbewahrung in Guantanamo man als angemessen betrachtet. Sie werden human und ihrer Würde entsprechend untergebracht.«

Frage: »Zu welchem Zweck werden sie hier gefangen gehalten?«

Antwort: »James, unsere Aufgabe ist es – in Verbindung mit dem Haftbetrieb –, Informationen zu sammeln, die wir und unsere Verbündeten in unserem globalen Kampf gegen den Terrorismus verwenden können. Das ist das wesentliche Ziel unseres Unternehmens hier.«

Abassin berichtet: »Ich wurde mehrmals in der Woche verhört. Manchmal kamen sie spät in der Nacht und stellten immer die gleichen Fragen. Mit wem ich mich in Afghanistan getroffen habe und was ich über Waffen weiß. Ich war über viele Stunden an einem Stuhl angekettet und durfte nicht zur Toilette. Weil ich Angst und Schmerzen hatte, erzählte ich immer, was man von mir hören wollte. Aber ich wusste doch nichts, ich war ja unschuldig.«

Frage: »Würden Sie sagen, dass Sie jeden Tag wertvolle Informationen sammeln?«

Antwort: »Die jungen Soldaten, Matrosen und Flieger, die hier unten arbeiten, erhalten jeden Tag Informationen, die für uns und unsere Verbündeten im Versuch, den Terrorismus in der ganzen Welt zu bekämpfen, hilfreich sind. Jeden Tag. Diese Aufgabe geht jeden Tag weiter. Genauso wie der Krieg gegen den Terrorismus jeden

Tag weitergeht, und wir sind bereit, diese Aufgabe bis zu dem Zeitpunkt weiterzuführen, an dem wir alle verfügbaren Informationen, die uns helfen können, zusammengetragen haben.

Ich denke, dass das Engagement, die Hingabe und die Professionalität unserer jungen Kavalleristen, Panzerjäger, Matrosen und Marinesoldaten, die unserer Spezialeinheit angehören, ihrer Ausbildung und ihrem persönlichen Charakter zur Ehre gereichen. Ich kann Ihnen sagen, dass es mich jeden Tag mit Stolz erfüllt, mit solchen jungen Menschen zu arbeiten, die eine gesunde persönliche Entwicklung, einen starken Charakter und die Begeisterung für Freiheit und Demokratie besitzen und bereit sind, ihrem Land jeden Tag zu dienen, um diese Prinzipien zu verteidigen. Es macht einem deutlich, dass die Welt vielleicht später nicht in schlechten Händen liegen muss, weil es in allen freien Gesellschaften junge Menschen gibt, die die gleiche Art von Engagement und Hingabe und Charakter haben, wie wir sie hier jeden Tag erleben.«

Frage: »Werden die Häftlinge in Einklang mit der Genfer Konvention gehalten? Werden ihre Menschenrechte gewahrt?«

Antwort: »Ja, die Antwort ist einfach ja. Unsere Aufgabe hier ist, die feindlichen Kämpfer nach angemessenen militärischen Anforderungen in vollständiger Übereinstimmung mit der dritten Genfer Konvention in Haft zu halten. Die Häftlinge sind untergebracht, werden verpflegt und erhalten angemessene Behandlung und viele Privilegien. Viele von ihnen nehmen zu, weil ihr gesundheitlicher Zustand sich zusammen mit ihrer Ernährung verbessert hat. Die medizinische Versorgung, die die Häftlinge erhalten, ist eine Erfolgsstory. Die Häftlinge erhalten eine medizinische und zahnmedizinische Betreuung, die die meisten von ihnen sonst nirgendwo bekommen hätten. Ich denke, es spricht für den amerikanischen Charakter, dass wir diese Menschen human behandeln, ihnen die beste medizinische Betreuung geben, die wir bieten können, und ihnen die Möglichkeit geben, ihre Religion frei auszuüben, obwohl sie uns hassen und uns angegriffen haben.«

Frage: »Wie würden Sie sich fühlen, wenn amerikanische Bürger unter ähnlichen Umständen gefangen gehalten würden?«

Antwort: »Also, ich kann nur hoffen, James, dass amerikanische Bürger, wenn sie Verbrechen wie diese begangen hätten, von Großbritannien oder jedem anderen Land der Welt mit der gleichen Würde und Humanität behandelt würden, die die feindlichen Kämpfer hier erhalten.«

Mein Interview mit dem Commander ist beendet. Er hat mir mehr von seiner Zeit zur Verfügung gestellt, als ursprünglich geplant war. Es war ihm wichtig, Guantanamo für die Öffentlichkeit so darzustellen, wie es seiner Überzeugung entspricht.

Eineinhalb Stunden nach Sonnenuntergang werfe ich einen letzten Blick auf diesen Ort. Camp Delta bei Nacht. Hochleistungsflutlichter erleuchten ein Gefängnis aus Stahl. Es ist still, man hört nur das Zirpen der Grillen. Ein ruhiges Gefängnis mit stillen Menschen, denke ich. Plötzlich vernehme ich den Gesang zum Abendgebet über die Lautsprecher des Lagers. Dann höre ich etwas, was ich nie vergessen werde: Männer, die in ihren Zellen laut zu Gott beten.

Epilog

In den Monaten nach dem 11. September waren sich die USA und ihre Verbündeten einig im Krieg gegen den Terror. Afghanistan wurde besetzt, weil man Osama bin Laden, den mutmaßlichen Kopf hinter den Anschlägen auf das World Trade Center, fassen oder töten wollte. Man betrachtete den Krieg als moralischen Feldzug gegen das Böse. Der Skandal um die Menschen, die in Guantanamo Bay ohne Anklage festgehalten wurden, erschütterte die Weltöffentlichkeit. Während meiner Dreharbeiten in Guantanamo Bay unternahm das US-Militär alles, um mich zu überzeugen, dass die Gefangenen human behandelt würden. Sie betonten immer wieder, dass sie den islamischen Glauben respektierten und dass sie die Gefangenen mit angemessenen Nahrungsmitteln versorgten. Darüber sollte ich in Deutschland berichten.

Die Dreharbeiten zum Film über die Gefangenen von Guantanamo Bay dauerten sechs Monate. Im Januar 2004 wurde er in der ARD gesendet. Kurz nach Ausstrahlung der Dokumentation wurden wieder einige der Häftlinge entlassen, darunter auch die drei Jugendlichen aus Camp Iguana, die vermutlich zwischen dreizehn und fünfzehn Jahre alt waren. Sie durften zu ihren Familien in Afghanistan zurückkehren. Die Inhaftierung dieser drei Minderjährigen hatte starke internationale Proteste ausgelöst.

Dennoch befinden sich weiterhin jugendliche »feindliche Kämpfer« im Gewahrsam des US-Militärs. Laut Wendy Patton von Human Rights Watch gibt es immer noch »eine unbekannte Anzahl Sechzehn- und Siebzehnjähriger in Guantanamo Bay, die nach internationalem Recht Kinder sind, weil sie unter achtzehn Jahre sind. Das Pentagon hat sie nicht von den Erwachsenen getrennt.

Wir sind nach wie vor darüber besorgt, auch wegen der besonderen Verpflichtungen, die die Vereinigten Staaten als Mitglied der Vereinten Nationen hinsichtlich des Protokolls über Kindersoldaten haben. Dieses Abkommen regelt, wie Kindersoldaten gehalten werden sollen, und enthält besondere Verpflichtungen zu Rehabilitation und Reintegration der Kinder in ihre Gesellschaften. In Guantanamo Bay gibt es keine Rehabilitation.«

Zu dem Zeitpunkt, als einige Gefangene von Guantanamo von den USA als »ungefährlich« eingestuft und entlassen wurden, waren diese Männer bereits nachhaltig traumatisiert. Bis zum letzten Augenblick wussten sie nicht, dass sie freigelassen werden. Plötzlich saßen sie im Flugzeug mit einer Ausgabe des Korans und ein paar Blue Jeans. So sonderbar das erscheinen mag, die Jeans waren notwendig, weil ihre eigene Kleidung nicht mehr richtig passte. Aufgrund des »Anreiz«-Lebensmittelplanes hatten alle Gefangenen zugenommen. Nach außen hin sahen die Männer besser aus als bei ihrer Ankunft. Aber diese augenscheinliche Gesundheit ist nur eine Fassade. Unter der Oberfläche liegen tiefe seelische Narben aus ihrer schrecklichen Zeit in Gefangenschaft.

Auch Wazir Muhammad, der Taxifahrer, der sich nach seinem Freund Abassin erkundigt hatte, wurde schließlich freigelassen. Vorher musste er ein Dokument unterschreiben, in dem stand, dass er als feindlicher Kämpfer während eines bewaffneten Konflikts verhaftet worden war. Seine Entlassung erfolgte ohne großes Aufsehen, fast unbemerkt von den Medien und der Öffentlichkeit.

Kurz nach seiner Rückkehr Ende Februar 2004 berichtete Wazir gegenüber Amnesty International, dass er durch das US-Militär unmenschlich behandelt worden sei. Er klagte über Schlafentzug, schmerzhafte Fesseln und Handschellen und erzählte, dass man ihn gezwungen habe, auf den Knien von seiner Zelle bis zum Verhörraum zu kriechen, ein Weg, der zehn Minuten dauerte. Weiter sagte Wazir, dass er außer bei seiner Ankunft in Guantanamo nie eine Delegation des Roten Kreuzes gesehen habe. Wazir kam nach Hause zu seinem ersten Kind, einem kleinen Sohn, den er noch nie zuvor gesehen hatte: Als er verhaftet wurde, war seine Frau schwanger. Während seiner Gefangenschaft hatte sie einen Nervenzusammenbruch erlitten. So werden auch afghanische Frauen und ihre Kinder, die ihren Ehemann und Vater verlieren, zu Opfern.

Die Freilassung der britischen Häftlinge

Nach Monaten intensiver rechtlicher und diplomatischer Verhandlungen wurden fünf der neun britischen Gefangenen im März 2004 aus Camp Delta entlassen. Sie hatten mehr als zwei Jahre auf Guantanamo verbracht. Einen Tag nach ihrer Ankunft in Großbritannien wurden sie von den britischen Behörden ohne Anklage aus der Untersuchungshaft entlassen. Unter den fünf Männern waren auch Ruhal Ahmed und seine zwei Freunde aus Tipton. Sie haben gegenüber dem Centre of Constitutional Rights (Zentrum für Verfassungsrechte), einer privaten Rechtsanwaltskanzlei in den USA, die gegen soziales Unrecht kämpft, ihre Behandlung in Guantanamo Bay ausführlich beschrieben. Die Anschuldigungen über Misshandlungen in dem hundertfünfzehn Seiten starken Dokument beinhalten wiederholte Schläge, Stöße und Tritte. Hinzu kamen religiöse und sexuelle Erniedrigungen sowie das Injizieren unbekannter Mittel und die Verweigerung medizinischer Betreuung.

Moazzem Begg war nicht unter den Entlassenen. Im Fernsehen sah ich, wie sein Vater von englischen Reportern interviewt wurde. Er wirkte verzweifelt und enttäuscht. Aber er erklärte auch, er werde nicht aufgeben, für seinen Sohn Gerechtigkeit zu erkämpfen. Er wollte persönlich in die USA reisen, um etwas über Moazzems Situation zu erfahren.

Ich flog nach New York, um das Center for Constitutional Rights (Zentrum für Verfassungsrechte) aufzusuchen. Der Vorsitzende Michael Ratner hatte in England mit den entlassenen britischen Staatsbürgern gesprochen. Er berichtete mir: »Sie wurden freigelassen, weil der britische Geheimdienst bewiesen hatte, dass sie gegenüber den US-Soldaten, die in Guantanamo die Verhöre durchführten, falsche Geständnisse gemacht hatten. Nachdem sie zwei Jahre in Guantanamo waren und nachdem sie das durchgemacht hatten, was sie mir erzählt haben: zwölf bis vierzehn Stunden nackt an den Boden gefesselt, Hunde, die hereingeführt wurden, Lärm und all diese Sachen. Sie gestanden, Osama bin Laden getroffen zu haben. Später bewies der britische Geheimdienst, dass sie zu der fraglichen Zeit in England gewesen waren. Sie konnten Osama bin Laden nicht getroffen haben, was wiederum zeigt, dass man bei ihnen nicht nur umstrittene Verhörtechniken angewandt, sondern sie auch zu falschen Geständnissen gedrängt hat.«

Die drei Männer aus Tipton sowie ein anderer entlassener Gefangener erhoben im Oktober Klage gegen die US-Regierung. Sie führen Folter und Menschenrechtsverletzungen an und verlangen jeweils ungefähr 7 900 000 Euro Entschädigung.

Major Michael Shavers, ein Sprecher des Pentagons, erklärt dazu: »Es gibt im US-Recht keine Basis für die Entschädigungszahlungen an Personen, die im Rahmen einer Kampfhandlung gefangen und inhaftiert werden.« Er weist die Foltervorwürfe entschieden zurück.

Amnesty International veröffentlichte im Oktober 2004 einen Bericht mit dem Titel »HUMAN DIGNITY DENIED«, in dem aufgeführt wird, dass Gefangene in Afghanistan und Guantanamo Bay schwere Misshandlungen durch ihre Wächter erlitten haben.

»Es gibt eine Tabelle der Verhörtechniken, die in Guantanamo Bay erlaubt waren«, sagt Michael Ratner vom Centre for Constitutional Rights. »Eine Spalte mit Techniken, denen Rumsfeld zugestimmt hat. Was genehmigt wurde? Es ist unglaublich: völlige Entblößung, Einschränkungen beim Essen, der Entzug von so genannten Komfortgegenständen wie dem Koran. Plötzlich ist der Koran kein religiöser Gegenstand mehr, sondern ›Komfort‹-Gegenstand! Dann steht da: Phobien ausnutzen, z. B. durch den Einsatz von Hunden, dann steht da: belastende Körperhaltungen. Und in einer Notiz schreibt Rumsfeld eigenhändig – er ist der Verteidigungsminister –: ›Warum zwingen sie die Leute, nur vier Stunden zu stehen, ich stehe in meinem Job zehn Stunden am Tag.‹«

Michael Ratner zeigt mir ein Dokument. Ich sehe darauf tatsächlich die handschriftliche Bemerkung des Verteidigungsministers. Offenbar soll das ein Witz sein.

Mr. Ratner fährt fort: »Diese Art von Techniken, besonders der Einsatz von Hunden, der durch unseren eigenen Verteidigungsminister genehmigt wurde, das ist reine Folter und wurde in Guantanamo zugelassen.«

Ein historisches Gerichtsurteil

Im Sommer 2004 stand eine wichtige »Schlacht« an, die George Bush und seine Regierung verlieren sollten.

Das Center for Constitutional Rights stellte die unbegrenzte Inhaftierung ausländischer Staatsangehöriger in Guantanamo Bay in Frage und rief das Oberste Gericht an. Als Sprecher für diesen Fall wählte die Gruppe John J. Gibbons, einen ehemaligen Hauptrichter des US-Berufungsgerichts.

Das Gericht musste zwischen persönlichen Freiheiten und nationaler Sicherheit abwägen. Am 28. Juni 2004 entschied das Oberste

Gericht mit sechs zu drei Stimmen, dass die Gefangenen in Guantanamo das Recht auf eine Überprüfung ihrer Haft vor einem amerikanischen Gericht haben. Ein Richter, nicht der Präsident würde über ihr Schicksal entscheiden. Präsident Bush würde nicht die absolute Macht über die Gefangenen in Guantanamo Bay haben.

Gleichzeitig beschloss der Oberste Gerichtshof, dass die Inhaftierten von Guantanamo das Recht auf einen Anwalt haben. Im Oktober 2004 entschied Bezirksrichterin Colleen Kollar-Kotelly, dass Anwälte ihre Mandanten auch unbeaufsichtigt in Guantanamo Bay treffen dürfen.

Und so durfte sich Murat Kurnaz das erste Mal nach mehr als zweieinhalbjähriger Haft mit seinem amerikanischen Anwalt Baher Azmy treffen. Er hatte im Juli einen Antrag eingereicht, dem aber erst im Oktober stattgegeben wurde. Auch bei ihm hat Guantanamo einen deprimierenden Eindruck hinterlassen. Er sprach unter vier Augen mit Murat, der an den Füßen gefesselt war.

Ich fragte den Anwalt, ob Murat orange oder weiße Gefängniskleidung trug.

»Das gehört zu den Dingen, über die ich nicht sprechen darf«, klärte mich Baher Azmy auf.

»Sie können mir nicht einmal sagen, welche Farbe seine Gefängniskleidung hatte?«, fragte ich erstaunt.

Er schüttelte den Kopf. »Ich möchte nicht vom Justizministerium oder dem Verteidigungsministerium zu einem Beispiel für Regelverletzungen gemacht werden. Ich bin mir sicher, dass sie liebend gerne bei dem ersten Anwalt, der die Vorschriften zur Vertraulichkeit bricht, ein Exempel statuieren.«

Wie auch die wenigen anderen Anwälte, denen man den Zugang zu einem Häftling gestattet hat, muss er über die Details seiner Gespräche Stillschweigen bewahren. Diese Bestimmung wurde mit Hinweis auf die nationale Sicherheit begründet.

»Ja, er hat viel nach seiner Mutter gefragt«, erzählte mir Baher

Azmy. »Ich nehme an, er steht ihr sehr nah. Es war einer der schmerzlichsten Momente für mich, als er mich bat, seiner Mutter einiges auszurichten. Und ich habe es nicht übers Herz gebracht, ihm zu sagen, dass ich diese Nachrichten nicht an seine Mutter weitergeben darf. Es ist mir verboten, irgendetwas von den Häftlingen an die Familienmitglieder oder sogar seinen Anwalt weiterzugeben.«

Nach der Entscheidung des Obersten Gerichts setzte das Pentagon ein Prüfungsgremium aus drei Offizieren ein, die entscheiden sollen, ob die Häftlinge korrekt als »feindliche Kämpfer« klassifiziert wurden. Am 30. September 2004 stufte das Tribunal Murat Kurnaz als »feindlichen Kämpfer« ein.

»Die Regierung nennt im Wesentlichen zwei Gründe für seine Inhaftierung«, berichtete Baher Azmy. »Zum einen sagen sie, dass er sich diesem religiösen Zweig des Islam angeschlossen hatte und einige Mahlzeiten in den entsprechenden Moscheen in Pakistan erhalten hat. Zum anderen sagen sie, dass er sich jemandem angeschlossen hatte, der mit Selbstmordattentaten zu tun hatte.«

Sie meinten Selcuk B., der unbehelligt in Bremen lebt. Er schweigt hartnäckig darüber, warum er und Murat nach Pakistan reisen wollten.

Ich konnte eine Kopie des Verhörs bekommen, das mit Murat Kurnaz geführt wurde. Man fragte ihn:

»Sie behaupten, Sie wussten nicht, dass Selcuk B. ein Terrorist war, der in Selbstmordattentate involviert war. Ist das richtig?«

»Ja«, antwortete Murat.

Am Ende der Anhörung erklärte er:

»Wenn ich nach Hause komme, werde ich beweisen, dass ich unschuldig bin. Wenn ich von irgendwelchen terroristischen Gruppen oder Verschwörungen erfahre, werde ich die deutschen Behörden informieren, um Ihnen zu zeigen, dass ich den Terrorismus nicht unterstütze, damit ich ruhig schlafen kann.«

Baher Azmy kann keine schlüssige juristische Basis für Kurnaz'
Einstufung als »feindlicher Kämpfer« erkennen: »Sie räumen ein, dass
Murat nie in Pakistan war, niemals eine Waffe getragen hat, nie vor-
hatte, den Taliban beizutreten. All das wird zugegeben. Sie halten ihn
also aufgrund von Beweisen fest, die entweder äußerst dünn sind oder
offenkundig falsch.«

Guantanamo – ein Jahr später

Im Dezember 2004 flog ich erneut für drei Tage nach Guantanamo
Bay.

Diesmal wurde uns das neu errichtete Camp 5 gezeigt. Hier sind
unter höchsten Sicherheitsvorkehrungen die Häftlinge untergebracht,
die das US-Militär als die hartgesottensten Al-Qaida-Terroristen ansieht. Wenn man das Gebäude aus Stahlbeton betritt, sieht man in
der Mitte ein Glashaus mit den modernsten Computern. Über sie
wird das Öffnen und Schließen der Türen, die Beleuchtung und die
Vierundzwanzig-Stunden-Überwachung der Inhaftierten geregelt.
Die Gefangenen vegetieren in Einzelhaft dahin.

Unsere Eskorte führt uns zu einer Reihe von Zellen und schließlich
in eine dieser Zellen hinein. Es gibt ein Stahlbett, eine Stahltoilette und eine Ausgabe des Korans. Sonst nichts. Das Fenster ist ein
kleiner, achtzig Zentimeter langer Schlitz aus Milchglas. Essen wird
durch eine kleine Luke in der Tür durchgereicht. Stolz zeigt mir ein
Wächter eine Zelle, die speziell für die Bedürfnisse eines querschnitt-
gelähmten Häftlings eingerichtet wurde. Ich sehe eine spezielle be-
hindertengerechte Stahltoilette. Sehr human!

Am Ende des Korridors entdecke ich eine Zelle mit zwei Stühlen.
An einem der Stühle sind Handschellen angebracht. Hier finden also
die Verhöre statt.

Die Verhöre werden von dreiköpfigen Crews durchgeführt, die sich selbst »Tiger Teams« nennen. Sie bestehen aus einem Analytiker, einem Befrager und einem Übersetzer. Das Verhörzimmer hat eine verspiegelte Scheibe und Überwachungskameras. Die Tiger Teams arbeiten rund um die Uhr und können zu jeder Zeit Verhöre durchführen. Der Gefangene wird in seinem dreiteiligen orangefarbenen Gefängnisanzug vorgeführt und für die Verhöre angekettet. So können sie ihn bis zu zwanzig Stunden vernehmen. Wird der Gefangene gesprächiger, so heißt es, holen sie ihm auch schon mal einen Hamburger. Ob ein Big Mac von McDonald's wirklich eine Belohnung ist?

Alle Verhöre werden in einem Raum mit zwölf hochmodernen Computerbildschirmen überwacht und aufgezeichnet.

Am nächsten Morgen habe ich einen Termin bei dem Befehlshaber von Guantanamo, Army Brigadier General Jay Hood. Ich spreche von Abu Ghraib und frage ihn, ob er mir aufrichtig sagen kann, dass in Camp Delta keine Gefangenen misshandelt werden. Er erklärt: »Ich kann Ihnen kategorisch versichern, dass die Häftlinge, die unter unserer Aufsicht stehen, zu jeder Zeit human behandelt werden. Ich kann Ihnen versichern, dass exakt die Verhältnisse in Guantanamo es nicht zulassen würden, dass solche Vorfälle sich hier ereignen.«

»Was ist mit denjenigen, die aus Guantanamo Bay entlassen wurden und sagen, dass sie misshandelt wurden?«, frage ich.

»Ich denke, dass diese Leute kategorisch falsche Anschuldigungen erheben«, antwortet der Kommandeur. »Nur eine Hand voll von Häftlingen hat behauptet, dass sie in irgendeiner Form misshandelt worden seien. Tatsächlich gab es verschiedene andere Häftlinge, die in aller Öffentlichkeit berichtet haben, dass es keinen Missbrauch gab. Ich denke, dass es einigen der entlassenen Häftlinge möglicherweise immer noch um die Art von Publicity oder Propaganda hinsichtlich ihrer Erfahrungen hier geht, die für terroristische Organisationen nützlich sein könnten.«

Ich denke an Abassin und die Narben an den Fußknöcheln, die er mir zeigte. Selbst die Amerikaner mussten erkennen, dass er kein Terrorist war, sondern nur ein einfacher Taxifahrer.

Jamal al-Harith – ein entlassener Guantanamo-Häftling berichtet

Nach meinem Besuch in Guantanamo Bay traf ich Ende Dezember 2004 Jamal al-Harith in Paris bei seiner Anhörung vor dem Ausschuss für Justiz und Menschenrechte des Europarates. Nach zweijähriger Haft in Guantanamo Bay war er zusammen mit vier weiteren britischen Staatsangehörigen im März 2004 freigelassen worden. Eine Anklage wurde nicht gegen ihn erhoben. Nach seiner Rückkehr nach Großbritannien wurde er sofort auf freien Fuß gesetzt.

Vor dem Ausschuss sagte er: »Für längere Zeiten wurde ich in Guantanamo in einem dreckigen Käfig gehalten, vierundzwanzig Stunden am Tag ohne richtige sanitäre Anlagen und ohne regelmäßige Waschgelegenheit. Notwendige medizinische Betreuung wurde mir verwehrt.«

Diese Schilderungen passten so gar nicht zu den »hochmodernen« Zellen, die man mir im Camp 5 gezeigt hatte, und den Zuständen im mittleren Sicherheitstrakt.

Jamal al-Harith fuhr fort: »Während der Nächte wurden sehr starke Scheinwerfer angelassen, was es sehr schwer machte, richtig zu schlafen.« Auch Abassin hatte mir von diesen Lichtern erzählt, die ihm jegliches Gefühl dafür nahmen, ob es Tag oder Nacht war. Ich selbst hatte die Lichter gesehen, als ich nachts auf Camp Delta blickte.

»Man hat mich wiederholt verhört, um mich dazu zu bringen, etwas zu gestehen, was ich nicht getan hatte«, berichtete Jamal al-Harith. »Während der fünfzehn Stunden dauernden Verhöre hatte ich keine Gelegenheit auszutreten, und so blieb mir nichts anderes übrig, als auf den Boden zu urinieren.«

Als ich mir das Verhörzimmer in Camp Delta ansah, waren mir große Flecken vor den Stühlen, auf denen die Gefangenen angekettet saßen, aufgefallen. Auch in meinem Filmmaterial des Raumes sind sie deutlich zu sehen.

Jamal al-Harith nannte viele Missbrauchsaspekte, die mit Folter gleichzusetzen sind. Er berichtete dem Komitee des europäischen Parlaments:»Ich wurde in Isolationshaft gesteckt, weil ich mich weigerte, mir eine Spritze geben zu lassen. Ich hatte das abgelehnt, weil man mir nicht genau sagte, was die Injektion beinhaltete und wofür sie war. Nachdem ich das verweigert hatte, wurde die ›Extreme Reaction Force‹ herbeigerufen. Sie kamen mit Körperschutz, Helm und Schutzschild in meine Zelle. Sie waren zu fünft. Sie schlugen mich. Die Injektion wurde mit Gewalt gesetzt, und meine Beine und Arme wurden hinter mir verkettet, während ich auf dem Bauch lag. Meine Handgelenke wurden mit den Fußknöcheln verkettet, so dass alle meine Glieder auf meinem Rücken zusammengebunden waren. Das ERF-Team sprang auf meine Beine und meinen Rücken. Sie traten und schlugen mich. Danach wurde ich für einen Monat in Isolationshaft gebracht.«

All das erinnerte mich an die Geschichte von Sean Baker.

Der US-Soldat Sean Baker musste bei einer Übung auf Guantanamo im Januar 2003 einen Gefangenen spielen. Die ERF-Soldaten wussten nichts von seiner Identität. Sean Baker wurde während der Übung so schwer verletzt, dass man ihn schließlich sogar aus der Armee entlassen musste. Ein US-Presseoffizier erklärte in diesem Zusammenhang, dass alle Aktionen gefilmt würden, um festzustellen, ob die Kommandos unverhältnismäßige Gewaltmittel einsetzen.

Nach der Anhörung konnte ich einige Minuten persönlich mit Jamal al-Harith sprechen. Ich fragte ihn, ob er Murat Kurnaz kenne. Jamal al-Harith erzählte mir, dass Murat ihn zu Bodybuilding-Übungen ermutigt hätte, »weil sie dich stark machen und dir helfen, der Folter zu trotzen«.

Ein interner Bericht des Internationalen Roten Kreuzes über seinen Besuch im Juni 2004, der an die New York Times durchsickerte, kam zu dem Schluss, dass das US-Militär vorsätzlich psychischen und manchmal physischen Druck auf die Gefangenen in Guantanamo Bay ausübt, der mit »Folter gleichzusetzen« sei. Die Delegation hätte ein System vorgefunden, das den Willen der Gefangenen in Guantanamo brechen und sie vollständig von ihren Befragern abhängig machen solle: durch »demütigende Handlungen, Einzelhaft, extreme Temperaturen und den Einsatz erzwungener Haltungen«. Ferner wurde berichtet, dass die verwendeten Methoden im Vergleich zu früheren Beobachtungen zunehmend »raffinierter und repressiver« würden.

Der Bericht kam zu folgendem Ergebnis:

»Ein solches System, dessen erklärtes Ziel die Produktion von geheimdienstlichen Informationen ist, kann nicht anders als ein vorsätzliches System grausamer, unüblicher und erniedrigender Behandlung betrachtet werden, als eine Form von Folter.«

Die neutrale Organisation, die als einzige unabhängige Einrichtung die Anlage kontrollieren darf, verweigerte jede öffentliche Stellungnahme zu dem Artikel in der New York Times. Die Zeitung gab an, dass die Vorwürfe aus einem Bericht stammten, den das Internationale Rote Kreuz für die US-Regierung erstellt habe.

Moazzem Begg – die unerwartete Freilassung

Mitte Januar 2005 gab es eine überraschende Entwicklung. Nach monatelangen diplomatischen Verhandlungen zwischen Großbritannien und Amerika wurde bekannt gegeben, dass auch die letzten vier britischen Guantanamo-Häftlinge entlassen werden sollten. Großbritannien hatte Washington »Sicherheitsgarantien« im Zusammenhang mit den Männern gegeben.

Dieses Mal trug Moazzem Begg keine Kapuze. Niemand hatte ihn auf seinen Flug mit der C-17-Transportmaschine der Royal Air Force (RAF) vorbereitet. Er hatte gedacht, dass er in Guantanamo Bay sterben würde. Jetzt sah er über sich die Wolken am Himmel und warf einen Blick auf das Meer, das er so sehr vermisst hatte. Alles war wie immer, nur der Mann, der dies betrachtete, war ein anderer geworden. In den drei Jahren nahezu vollständiger Isolation in einem Gefängnis des US-Militärs war der mittlerweile siebenunddreißigjährige Moazzem Begg durch die Hölle gegangen, die Hölle auf Erden. Nun flog er zusammen mit Feroz Abbasi, 24, Martin Mabunga, 32, und Richard Belmar, 25, den letzten noch verbliebenen britischen Gefangenen in Guantanamo, fort von diesem Albtraum. Sie wurden von zwei britischen Anti-Terror-Spezialisten und zwei unabhängigen Beobachtern, einer davon aus der muslimischen Gemeinde, begleitet.

Nach einem siebzehnstündigen Flug landete ihr Flugzeug am Donnerstag, den 25. Januar 2005, auf dem RAF-Stützpunkt Northolt bei London. Sofort wurden sie aufgrund des britischen Anti-Terrorismusgesetzes festgenommen. Das Ereignis fand weltweites Medieninteresse, doch es wurden keine Fotografen zugelassen. Die vier Männer wurden von der Polizei in Paddington befragt und am nächsten Tag um 9:00 Uhr abends ohne jegliche Anklage auf freien Fuß gesetzt. Endlich kamen sie zurück zu ihren Familien.

Sir John Stevens von der Londoner Polizei erklärte gegenüber der britischen Zeitung Independent, es sei unwahrscheinlich, dass einer der Männer angeklagt werden würde. Sämtliche in Guantanamo gemachten Geständnisse würden vor einem britischen Gericht nicht anerkannt.

Clive Stafford Smith, der Anwalt von Moazzem Begg, kündigte an, dass sein Mandant die amerikanische Regierung verklagen werde. Er sagte, dass Moazzem Begg eine Entschuldigung und eine Entschädigung fordere, die für wohltätige Zwecke verwendet werden solle.

Mit der Freilassung von Moazzem Begg ist in Großbritannien das öffentliche Interesse für die Gefangenen in Guantanamo deutlich gesunken. Fast alle europäischen Staatsbürger sind wieder zurück in ihre Heimat gekommen. Für Murat Kurnaz besteht die Gefahr, dass er von der Welt vergessen wird.

Am 25. Januar 2005 wurde bekannt, dass dreiundzwanzig Gefangene in Guantanamo Bay während eines Massenprotestes vom 18. bis zum 26. August 2003 versucht hatten, sich zu strangulieren oder zu erhängen. Ein Sprecher des US-Militärs erklärte dazu, es handele sich um eine Geste, die darauf abziele, Aufmerksamkeit zu schinden.

Guantanamo Bay wird wohl auch in nächster Zeit nicht aus den Schlagzeilen verschwinden.

Anhang

Marcus Pyka

Guantanamo oder: Das Ende der Geschichte?

»Was ist wichtiger für die Weltgeschichte? Die Taliban oder der Zusammenbruch des Sowjetimperiums? Einige aufgescheuchte Muslime oder die Befreiung Mitteleuropas und das Ende des Kalten Krieges?«[1] Seit dem 11. September 2001 würde dies wohl nicht mehr so leichthin als rhetorische Frage gestellt werden, wie dies noch 1998 Zbigniew Brzeziński gegenüber dem französischen Wochenmagazin Le Nouvel Observateur in einem Interview getan hat. Und so eindeutig seine Wertung auch ist, seine Formulierung deutet bereits an, dass der heutige »Global War on Terrorism« eine Vorgeschichte hat, die hinter »9/11« zurückreicht. Auch das Internierungslager Guantanamo, das zu den erschreckenderen Auswüchsen dieses »Kriegs gegen den Terror« gehört, ist nur als Ergebnis dieser Vorgeschichte zu verstehen, weshalb sie hier in ihren wichtigsten Entwicklungen nachgezeichnet werden soll.

Wenn in der öffentlichen Auseinandersetzung von Guantanamo die Rede ist, so meint dies nicht die kubanische Provinz oder deren Hauptstadt gleichen Namens, die durch ein populäres Lied José Martís, *Guantánamera*, schon seit Jahrzehnten international bekannt ist; vielmehr geht es dabei lediglich um ein 117,6 Quadratkilometer großes Areal an der Mündung des gleichnamigen Flusses, das den

1 Le Nouvel Observateur (Paris) vom 15./21. Januar 1998, S. 76.

Vereinigten Staaten von Amerika seit über hundert Jahren als Marinestützpunkt dient. 1898 war Kuba als Folge des Spanisch-Amerikanischen Krieges in amerikanische Militärverwaltung übergeben worden. Während die Insel 1902 in die Unabhängigkeit entlassen wurde, verblieb die *Bahía de Guantánamo* (neben der 1912 zurückgegebenen *Bahía Honda*) unter amerikanischer Verwaltung, ein Zustand, der schließlich (1903) vertraglich geregelt wurde: Artikel 1 des Pachtvertrages sah diesen Zustand vor »für die Zeit, die für die Zwecke einer Bunkerstation und Marinebasis erforderlich ist« – faktisch also auf unbestimmte Zeit. Der Pachtzins für die von den Militärs kurz »Gitmo« genannte Guantanamo Bay betrug anfangs 2000 Golddollar pro Jahr und wurde in den dreißiger Jahren auf 4085 US-Dollar erhöht – lediglich ein symbolischer Betrag. Auf kubanischer Seite sind diese Bestimmungen nie populär gewesen, und nach der Revolution 1959 verweigerte die neue Regierung unter Fidel Castro die weitere Annahme der Pachtgelder und erhob die Forderung nach Rückgabe des Geländes, was Washington jedoch ignoriert hat. Ungeachtet dieser gespannten Situation sowie fehlender diplomatischer Beziehungen zwischen dem kommunistischen Kuba und den USA betrachtet Washington den Stützpunkt nichtsdestoweniger als gepachtetes Territorium innerhalb des kubanischen Hoheitsgebiets. Ähnlich wie im Falle des britischen Diego Garcia im Indischen Ozean bedeutete dies nämlich, dass sich die Internierungslager nominell außerhalb von US-Territorium befinden und daher für die Internierten kein Appellationsrecht an US-Gerichte vorliege.

Diese besondere staatsrechtliche Situation machte sich Washington seit Beginn des »Kampfes gegen den Terror« zunutze, als für die gefangenen Gegner aus der Operation *Enduring Freedom* ein Internierungslager eingerichtet wurde. Bis dahin hatte das Gelände nur als Marinebasis für die Karibikflotte gedient sowie – 1999 nach dem Kosovo-Krieg – als zwischenzeitliches Flüchtlingslager. Drei Jahre später aber wurde hier ein Internierungslager aufgebaut (Camp X-Ray), das mehrere hundert Gefangene fasst. Ihnen wurden seitens der US-Regierung der Status regulärer Kriegsgefangener und damit die in der Genfer Konvention garantierten Rechte verweigert; sie gelten als »ungesetzliche Kombattanten« *(illegal combattants)*, was ihnen unter anderem den Zugang zu rechtlichem Beistand verweigert. In das öffentliche Bewusstsein rückten das Lager und die Lebensbedingungen seiner Insassen aufgrund der offiziellen Geheimhaltungspolitik erst spät, und viele Fragen hierzu sind immer noch offen.

Gerechtfertigt wird dies mit dem Argument, dass es sich beim »Global War on Terror« um eine neue Dimension von Krieg handele, nicht mehr um einen bilateralen Konflikt zwischen Staaten im traditionellen Sinne. Eine ganze Reihe von Argumenten stützt diese Sicht, dass hier der Beginn einer neue Epoche der Kriegsführung anzusetzen sei:

- Bereits der auslösende Paukenschlag markierte eine deutliche Zäsur, als am Morgen des 11. Septembers 2001 vier Passagierjets entführt wurden, zwei von ihnen die Twin Towers des World Trade Centers in New York zum Einsturz brachten, ein weiteres in das Pentagon in Washington stürzte und ein viertes schließlich nur durch den beherzten Widerstand seiner Passagiere zumindest nicht ein weiteres Symbol der amerikanischen Demokratie und Macht zerstören konnte, sondern in Pennsylvania auf freiem Feld zerschellte. Es war der erste Gewaltschlag von außerhalb gegen das amerikanische Festland seit der Verwüstung Washingtons durch britische Truppen im Jahre 1814. Dies bewirkte einen tiefgreifenden Schock im Selbstbild der USA, das sich bis dahin als fernab von Kriegen, Gewaltmaßnahmen und Zerstörungen wähnen konnte, die andere Erdteile, nicht zuletzt Europa, so oft heimsuchten. Auf einmal war Amerika selbst – im wahrsten Sinne des Wortes: aus heiterem Himmel – Frontgebiet geworden.
- Es handelte sich dabei jedoch nicht um den gezielten Schlag einer eindeutig identifizierbaren äußeren Macht, wie dies im Falle des japanischen Angriffs auf Pearl Harbor gewesen war. Vielmehr trat

plötzlich ein Gegner auf, der zunächst kein Gesicht hatte, der aber in der Lage war, ein hochkompliziertes und, wie es schien, bestens koordiniertes Verbrechen größten Ausmaßes zu verüben – und dies vor den Augen einer schockierten (westlichen) Weltöffentlichkeit, die die Ereignisse zumindest in New York sogar live am Bildschirm verfolgen konnte.

- Nachdem sehr bald als *master mind* hinter den Anschlägen der saudi-arabische Millionär Osama bin Laden und seine Organisation Al-Qaida (arab.: »die Basis«, »das Fundament«) ausgemacht worden war, führten zwar die Spuren vor allem nach Afghanistan, doch war dies kein Staat im herkömmlichen Sinne mehr. Vielmehr war das Land am Hindukusch seit dem Sturz der kommunistischen Regierung Muhammad Nadshibullahs 1992 in zahllose, einander bekämpfende Fraktionen zerrissen gewesen, und auch nachdem sich die Taliban ab 1995 in den meisten Provinzen hatten durchsetzen können, bauten sie keine neue Zentralregierung auf, sondern beließen es bei den vorhandenen dezentralen Strukturen.

- Das in ca. neunzig Prozent des Landes herrschende Taliban-Regime stützte sich vor allem auf die Integrationskraft seines radikal-orthodoxen Islamverständnisses, einer Spielart des auch in Saudi-Arabien vorherrschenden Wahhabismus. Dieses trug durchaus universale Züge, auch wenn sie verbunden waren mit einem spezifischen Stammesnationalismus ihrer wichtigsten Trägerschicht (einer übersteigerten Form des traditionellen *Paštûnwâlî*). Diese antimodernistische Ideologie war in der Zeit des Kampfes gegen die sowjetische Armee in Afghanistan ausgebildet worden, hatte aber spätestens seit dem Zweiten Golfkrieg 1990/91 eine radikal antiwestliche und vor allem antiamerikanische Wendung bekommen, die sie auch außerhalb Afghanistans populär werden ließ: Die Stationierung US-amerikanischer Truppen (darunter auch Frauen) in Saudi-Arabien war nicht nur für Osama bin Laden eine Schändung des Landes der Heiligen Stätten in Mekka und Medina gewesen.

• Die von Osama bin Laden und seinen Anhängern vertretene Ideologie bediente sich ungeachtet ihres scheinbar »mittelalterlichen« Charakters bei ihrer Verbreitung moderner Kommunikationsformen sowie des umfassenden Netzes an Kontakten, das der erfolgreiche Geschäftsmann besaß. Sie erreichte Menschen weit über afghanische und saudische Kreise hinaus, vermochte sie doch mit ihrem ethischen Rigorismus und ihrem Sendungsbewusstsein Gefühle des Stolzes und der Auserwähltheit vermitteln, die in den meisten arabischen und islamischen Staaten im praktischen Alltag moderner Großstädte mit ihren allgegenwärtigen Zeichen westlicher Überlegenheit notwendigerweise zu kurz kamen. Dieser Attraktivität entspricht der Umstand, dass die in Guantanamo Internierten aus zweiundvierzig verschiedenen Staaten stammen, auch wenn sie vor allem in Afghanistan und den angrenzenden Gebieten Pakistans gefangen genommen worden sind.

Der »Feind« erschien als ein transnationales, kaum greifbares bedrohliches Gebilde, das nur durch eine neuartige Kriegsführung wirkungsvoll bekämpft werden zu können schien. Bereits wenige Tage nach den Anschlägen auf das World Trade Center und das Pentagon stellte Präsident George W. Bush in einer Ansprache vor dem Kongress fest, dass der Kampf der Vereinigten Staaten sich nicht gegen einen einzelnen Staat oder eine einzelne Organisation richte:
»Unser Krieg gegen den Terror beginnt mit Al-Qaida, aber er endet nicht dort. Er wird nicht enden, bis jede terroristische Gruppe von globaler Reichweite gefunden, gestoppt und geschlagen ist.«[2]
Ungeachtet der schon länger vorliegenden Hinweise hat es bis jetzt gebraucht, bis der US-Regierung klar wurde, dass sie einem gefährlichen Gegner gegenüberstand, der sich traditionellen Regeln der

2 Ansprache an den Kongress und das amerikanische Volk vom 21.9.2001 (Übersetzung dpa, zit. nach www.lbp.bwue.de/aktuell/terrorusa/bush2109. htm [gesehen 7.2.2005]).

Kriegsführung widersetzte. Die Vereinigten Staaten bemühten sich in der Folge um das Schmieden einer großen Koalition von Staaten, die willens waren, mit ihnen diesen neuartigen Krieg aufzunehmen. Bush selbst unternahm dafür einen immensen dramatischen außenpolitischen Kurswechsel, weg von einem weitestgehenden Desinteresse an internationalen Angelegenheiten und hin zu größter Aktivität in dem Bemühen, eine denkbar breite Koalition zusammenzubringen. Dabei konnte der Präsident nicht nur auf den Rückhalt von NATO und der europäischen Staaten bauen, sondern auch die UNO sowie Russland und China signalisierten ihre Bereitschaft zur Unterstützung oder doch zumindest Wohlwollen. Der US-Kongress wiederum ermächtigte den Präsidenten, »alle notwendige und angemessene Gewalt gegen diejenigen Nationen, Organisationen oder Personen anzuwenden, die nach seiner Überzeugung die Terrorattacken des 11. Septembers 2001 planten, anordneten oder durchführten oder solche Organisationen oder Personen beherbergten«.[3] Und auch die Zustimmungswerte Bushs bei der amerikanischen Bevölkerung erreichten einen für Demokratien unglaublichen Rekordwert von einundneunzig Prozent. Nur selten hat wohl je ein demokratisch gewählter Politiker auf solch eine Zustimmung aufbauen können.

Washington war sich des historischen Augenblicks durchaus bewusst. Die daraus gezogenen Schlüsse entsprachen diesem Bewusstsein und gingen angesichts der Bedrohung so weit, dass grundlegende Regularien des zwischenstaatlichen Verkehrs bisweilen außer Kraft gesetzt wurden, wie etwa das Gebot der Souveränität von Staaten im Innern, das zumindest seit dem Westfälischen Frieden 1648 weitgehend Bestand gehabt hatte. Nun jedoch, so schien es, erforderte die Situation ein entschlossenes Handeln und damit eine entschiedene Stellungnahme. In der schon zitierten Rede vom 20. September 2001 fuhr Bush fort:

3 Zit. nach Stephan Bierling: Geschichte der amerikanischen Außenpolitik von 1917 bis zur Gegenwart, München 2003, S. 241.

»Wir werden den Terroristen ihre Geldmittel abschneiden, sie gegeneinander aufbringen, sie von Ort zu Ort treiben, bis es für sie keine Zuflucht oder Ruhe mehr gibt. Und wir werden die Staaten verfolgen, die dem Terrorismus Hilfe zur Verfügung stellen oder ihm einen sicheren Hafen bieten. Jedes Land in jeder Region muss sich jetzt entscheiden – entweder es steht an unserer Seite oder an der Seite der Terroristen.«[4]

Was Bush hier skizzierte, war nichts anderes als ein Anti-Guerilla-Krieg in globaler Perspektive. Die strategische Konsequenz dieser Vision seines modernen »Global War on Terror« war einfach: Es gebe eine klare Trennung von Gut und Böse, von Schwarz und Weiß, und jeder könne unter voller Erkennung der jeweiligen Konsequenzen seine Entscheidung treffen, auf welche Seite er sich schlage. Sobald aber diese Entscheidung einmal gefallen ist, habe er die Konsequenzen bis zum Letzten zu tragen. Eine Zwischenposition ist demnach schlichtweg nicht möglich, ebenso wenig wie irgendwelche Eigengesetzlichkeiten von anderen Fragen oder Wahlmöglichkeiten relevant sein konnten, die diese Entscheidung womöglich überlagerten. Die Konstellation sei eindeutig: Wer nicht für »uns« ist, ist gegen »uns«.

Es war nur logische Konsequenz dieser Interpretation, was sich schließlich ein Jahr später in der »Nationalen Sicherheitsstrategie der Vereinigten Staaten« niederschlug[5]: Den als »amerikanisch« angesehenen Werten »Freiheit, Demokratie, freie Märkte und freier Handel« sollte in jedem Winkel der Erde Geltung verschafft werden, nötigenfalls auch gegen das Völkerrecht oder die Vereinten Nationen. Diese expansive und aktivistische »Bush-Doktrin« mochte mit ihrem universalen Anspruch angesichts der über 2000 Toten von 9/11 und angesichts der konkret (und rasch) ausgemachten Täter nur zu

---

4 Ebd.
5 Der Text ist leicht zugänglich unter http://www.whitehouse.gov/nsc/nss. pdf (gesehen 7.2.2005).

verständlich sein – als globale Strategie des mächtigsten Staates der Welt war sie ein Schritt zurück in die Vergangenheit. Denn in ihrer schlichten Polarität verwies sie eindeutig auf die Vorstellungen der »Falken« aus dem Kalten Krieg, als ungeachtet aller Stellvertreterkonflikte mit der Sowjetunion und ihren Satelliten ein vorderhand klar (an-)greifbarer Gegner mit Machtzentren, Hauptstädten und Industrien existiert hatte.

Doch selbst zu jenen Zeiten mit einem weitaus weniger amorphen Gegner hatte sich ein solches klares Freund-Feind-Denken als langfristig wenig hilfreich erwiesen, das jeglichen dritten Weg ignorierte oder missachtete. Ja mehr noch – nicht wenige der Probleme der Gegenwart entsprangen gerade dem Umstand, dass allzu viele Konflikte und Entwicklungen in der zweiten Hälfte des 20. Jahrhunderts einzig dem globalen Ringen untergeordnet worden waren. Vor diesem Hintergrund erklärt sich auch jene Abschätzigkeit, mit der der eingangs zitierte Brzeziński über die »aufgescheuchten Muslime« sprechen konnte – Afghanistan ist für den exilierten Polen eben nur ein Nebenkriegsschauplatz gewesen, wie auch Vietnam, Lateinamerika und wohl letzten Endes sogar Ostmitteleuropa. Alles war aus der Perspektive des Kalten Krieges zu betrachten. Insofern dürfte seine Wertung wohl für nahezu alle außenpolitischen Strategen jener vier Jahrzehnte gegolten haben: »Was ist wichtiger für die Weltgeschichte? Die Taliban oder der Zusammenbruch des Sowjetimperiums? Einige aufgescheuchte Muslime oder die Befreiung Mitteleuropas und das Ende des Kalten Krieges?«[6]

Die Problematiken, die mit »9/11« so schlagartig und brutal im öffentlichen Bewusstsein der westlichen Gesellschaften wiederauftaucht sind, waren freilich nicht urplötzlich aus dem Nichts entstan-

---

6 Wie Anm. 1. – Dieses Denken und seine Konsequenzen ist jüngst neuerlich für Henry Kissinger herausgearbeitet worden; vgl. Jussi Hanhimäki: The Flawed Architect. Henry Kissinger and American Foreign Policy, Oxford, New York 2004.

den. Vielmehr rächten sich auf einmal die Versäumnisse zahlreicher Administrationen jeder parteipolitischen Couleur, und es ist gerade jene ausschließliche Konzentration auf den globalen Konflikt gewesen, die seinerzeit vermeintliche »Kollateralschäden« langfristig zu Sprengsätzen von verheerender Wirkung werden ließ.

Gerade ein Mann wie Brzeziński hat als Sicherheitsberater des damaligen US-Präsidenten Jimmy Carter (1977–1981) und als »Falke« in der US-Administration entscheidenden Anteil daran gehabt, dass die USA in den späten siebziger Jahren die afghanischen Volks-Mudschahedin gegen die neue kommunistische Regierung in Kabul unterstützten. Damit sollte das Sowjetimperium auch an seiner Südgrenze aktiv bekämpft werden, eine Politik, die ihrerseits eine gewisse Tradition besaß.

Ende des 19. Jahrhunderts waren die Grenzen des Mittleren Ostens im Zuge des *great game* der europäischen Kolonialmächte um Macht und Einfluss mehr oder minder willkürlich festgelegt worden; Afghanistan war dabei als Puffer zwischen Großbritannien und dem russischen Zarenreich gleichsam übriggeblieben. In den folgenden Jahrzehnten war die Region allenfalls von zweitrangigem Interesse für die westliche Welt gewesen. Persien allein hatte wegen seines Ölreichtums eine gewisse nachdrückliche Aufmerksamkeit des Westens für sich beanspruchen können. Die Lage im Wetterloch der Weltpolitik änderte sich jedoch schlagartig, als gegen Ende der siebziger Jahre die bisherige lastende Stabilität durch eine Reihe von politischen Umstürzen erschüttert wurde: Im Juli 1977 stürzte in Pakistan General Mohammed Zia ul-Haq den gewählten Präsidenten Ali Bhutto, im April des folgenden Jahres putschte in Afghanistan ein linksgerichteter Revolutionsrat und versuchte ein marxistisch-leninistisches Regime mit stalinistischen Methoden zu etablieren. Vor allem aber die Revolution in Persien mit dem Sturz des Schahs, der Besetzung der US-amerikanischen Botschaft in Teheran und der Errichtung der Islamischen Republik Iran bedeutete 1979 eine einschneidende Veränderung, verloren die USA doch damit ihren wichtigsten strategischen Verbündeten in der Region und mussten eine schwere Demütigung hinnehmen. Die neue Regierung in Teheran wechselte jedoch ungeachtet ihrer militant antiamerikanischen Ausrichtung nicht ins sowjetische Lager über, sondern verfolgte ihrerseits einen Weg jenseits der traditionellen Blockbindung. Der Iran verschwand gleichsam von der geostrategischen Weltkarte, sobald die militärischen, antisowjetischen Einrichtungen Amerikas auf seinem Boden zwangsweise kaltgestellt worden waren. Umso mehr konzentrierte sich nun die Aufmerksamkeit auf Irans östlichen Nachbarn, auf das immer weiter destabilisierte Afghanistan. In der zweiten Jahreshälfte 1979 wurde das Land am Hindukusch verstärkt von blutigen Auseinandersetzungen erschüttert, die kurz vor Jahresende schließlich zum Einmarsch der sowjetischen Armee in Afghanistan führen sollten. Nach einigen Jahren der Entspannung und der verschiedentlichen Abrüstungsbestrebungen zwischen den Supermächten wurden nun die Weichen zu einem neuerlichen Aufheizen des Kalten Krieges gestellt, das westlicherseits nach dem Regierungswechsel in Washington im SDI-Programm der Reagan-Administration und dem Schlagwort vom »Reich des Bösen« gipfeln sollte. Die Polarisierung der beiden Supermächte fand ihren symbolpolitischen Höhepunkt in dem wechselseitigen Boykott der Olympischen Spiele 1980 in Moskau durch die Amerikaner und einige ihrer Verbündeten (darunter auch Deutschland, während sich nicht nur Frankreich, sondern auch Großbritannien an den Spielen beteiligte) und vier Jahre später in Los Angeles, wo der gesamte »Ostblock« fernblieb. Ungleich wirkungsmächtiger – weit über den konkreten Kontext hinaus – war hingegen die Verkündigung der so genannten »Carter-Doktrin« im Januar 1980. Der bis dahin so entspannungsfreudige Präsident Carter fühlte sich durch den russischen Einmarsch in Afghanistan persönlich hintergangen, im offiziellen Washington setzten sich die »Falken« durch und verbreiteten die Behauptung, die sowjetische Armee erstrebe den Durchmarsch zu den persischen Ölquellen und dem indischen Ozean. Die amerikanisch-sowjetischen Beziehungen sanken auf einen historischen Tiefpunkt. In seiner Ansprache zur Lage der Nation warnte Carter schließlich, dass jeder »Versuch einer fremden Macht, die Kontrolle über die Region des Persischen Golfs zu erringen, als Angriff auf die vitalen Interessen der Vereinigten Staaten betrachtet und eine solche Macht mit allen dafür notwendigen Mitteln, auch militärischen, zurückgeschlagen werde«.[7]

Der US-Präsident ging auf Konfrontationskurs gegen Moskau, und zu diesem Zweck waren nun viele Mittel erlaubt, auch was die Förderung von Fanatikern und militanten Anti-Demokraten anging. Mudschahedin wurden nun geradezu hoffähig, zumindest aber wichtige Verbündete. Diese Linie setzte der ein Jahr später ins Amt gewählte Ronald Reagan lediglich fort, wenngleich er die Rhetorik noch weiter verschärfte.

Tatsächlich ging die Politik Brzezińskis und anderer auf – gut zehn Jahre später stand fest, dass »Afghanistan« tatsächlich nicht nur das »Vietnam« Moskaus geworden war, sondern darüber hinaus auch der Anfang vom Ende des sowjetischen Imperiums und das Ende des Kalten Kriegs. Als sich die sowjetische Armee im Herbst 1989 wieder hinter die Amu-Darja-Grenze zurückzog, vertrat sie nicht mehr die zweite Supermacht auf Erden. Die Vereinigten Staaten galten als einzig verbliebene unangefochtene Supermacht. Zurück blieb ein Schlachtfeld, das wie auch bei anderen Stellvertreterkriegen der Epoche zwar aus dem Blickfeld geriet, das jedoch weiterhin eine schwärende Wunde blieb: waffenstarrend, verarmt und mit einer nach Jahren des Bürgerkriegs hochgradig gewaltbereiten Bevölkerung. Im Unterschied zu anderen Regionen der Welt mit vergleichbarem Schicksal setzte sich hier allerdings eben nicht eine bloß antikoloniale Ideologie durch, die ihre Dynamik im Moment der Unabhängigkeit oder zumindest Autonomie verlor; gerade auf diesem unwegsamen Gebiet etablierte sich mit der Taliban-Spielart des Wahhabismus eine

7 Zit. nach Bierling: Geschichte der amerikanischen Außenpolitik, S. 174f.

Glaubensideologie, die ihrerseits universale Züge gewann und eher noch an Dynamik zunahm.

Zu Hilfe kam ihr dabei letztlich das »ordnungspolitische Interregnum« (Ernst-Otto Czempiel), das für annähernd zehn Jahre nach dem Zusammenbruch der Sowjetunion die internationale Politik prägte. Anders als in früheren Jahren fanden sich keine Militärberater mehr, die sich einer solchen Bewegung annahmen und sie ihrerseits zu kanalisieren versuchten. Es gab aber auch keine überregionalen Kräfte, die sich verstärkt in den zahllosen schwelenden Konflikten dieser Welt engagierten, und so auch nicht am Hindukusch. Die einzige verbliebene Weltmacht USA versank außenpolitisch in einer Phase der Konzeptionslosigkeit, in der allenfalls – wie unter Clinton – zu einzelnen Cruise-Missile-Abschüssen gegriffen wurde, um unliebsame Widersacher auszuschalten. Eine Idee, wie die neue Weltordnung aussehen sollte und wie die USA sich zum Rest der Welt in einem produktiven Miteinander verhalten sollten, wurde nicht entwickelt, ungeachtet solch hoffnungsvoller Ansätze wie im zweiten Golfkrieg zur Befreiung Kuwaits. Die internationale Politik, die im Kalten Krieg eine so klare Trennung in Blöcke gekannt hatte, verwandelte sich in ein richtungsloses und wenig inspiriertes Ausprobieren von Strategien der verschiedenen Regierungen. Es gab zwar noch immer eine übermächtige Weltmacht, allein sie wusste kaum wohin mit ihrer Potenz. Einerseits schien nun endlich ein lang erträumter Zustand einzutreten: eine Welt des globalen Friedens und Wohlstands, andererseits zeigte sich bald, dass dieser Zustand nicht die ersehnte Stabilität brachte – die ursprünglich optimistisch gemeinte Formel von dem »Ende der Geschichte«[8] entpuppte sich in Somalia, im ehemaligen Jugoslawien und an vielen anderen Stellen

8 Francis Fukuyama: The End of History, in: The National Interest 16 (Sommer 1989); später zum Buch ausgeweitet und auch ins Deutsche übersetzt: Das Ende der Geschichte. Wo stehen wir?, München 1992.

der Erde eher als ein Albtraum. Auf dieser Grundlage formulierten so unterschiedliche Geister wie die neokonservativen Vordenker des *Project for the New American Century* oder der schottische Historiker Niall Ferguson das Horrorszenario einer apolaren Welt, die von Gewalt und religiös motivierten Kriegen beherrscht werde. Multipolarität sei eine Schimäre, die immer nur in ein apolares Chaos führen könne. Der einzig richtige Weg sei die unbedingte Führerschaft der Vereinigten Staaten von Amerika, aufbauend auf militärischer Stärke, diplomatischer und ökonomischer Energie und nicht zuletzt festen moralischen Prinzipien.[9]

Allein, so schlagend diese Argumentation auf den ersten Blick auch zu sein scheint, so bleiben doch Zweifel. In ihrer Lesart hat der Global War on Terror schon deshalb sein Gutes, weil er dem Verlauf der Geschichte wieder Richtung und Ziel gibt und somit Sinn verleiht. Nichtsdestoweniger bleiben dem Historiker in der Rückschau gerade am Beispiel der Geschichte Afghanistans in jener so »sinn-vollen« Zeit des Kalten Krieges Zweifel, ob eine so einfache Aufteilung der Welt in »Gut« und »Böse«, in die »Willigen« auf der einen und die terroristischen »Schurkenstaaten« und ihre Helfershelfer auf der anderen Seite tatsächlich auch langfristig geeignet sein kann, die an und für sich erstrebenswerten Ziele jener »Bush-Doktrin« zu erreichen und zu sichern. Es bleibt vielmehr der üble Verdacht, dass ein so einfaches Weltbild, wie es sich nicht zuletzt auch in der Schaffung von speziellen Lagern wie Guantanamo niederschlägt, eher dazu dient, die Konzeptionslosigkeit der Außenpolitik angesichts einer differenzierten und vielgestaltigen Welt zu überdecken.

9 Vgl. Website des *Project for a New American Century* (http://www.newamericancentury.org/statementofprinciples.htm [gesehen am 7.2.2005]) sowie Niall Ferguson: Das verleugnete Imperium. Chancen und Risiken amerikanischer Macht, Berlin 2004.

Knut Ipsen

Die Guantanamo-Gefangenen und das Völkerrecht

Am 7. Februar 2002 stellte US-Präsident Bush laut einer Presseerklärung des Weißen Hauses Folgendes fest:

1. Das III. Genfer Abkommen vom 12. August 1949 über die Behandlung der Kriegsgefangenen, dessen Vertragsparteien sowohl
   Afghanistan wie die Vereinigten Staaten von Amerika sind, ist auf
   den bewaffneten Konflikt zwischen den Taliban und den USA in
   Afghanistan anzuwenden;
2. diese Konvention ist nicht anwendbar auf den bewaffneten Konflikt in Afghanistan oder an irgendeinem anderen Ort zwischen
   Al-Qaida und den USA;
3. weder gefangene Personen der Taliban noch der Al-Qaida haben
   Anspruch auf den Kriegsgefangenenstatus nach dem III. Abkommen; und
4. dennoch werden alle im US-Gewahrsam befindlichen Personen
   der Taliban und von Al-Qaida in Übereinstimmung mit den allgemeinen Prinzipien des Abkommens menschlich behandelt, De-
   legierte des Internationalen Komitees vom Roten Kreuz dürfen
   jeden Gefangenen besuchen.

In dieser völkerrechtsbezogenen Erklärung wurde richtigerweise kein
Bezug auf Guantanamo genommen, denn der Status dieses Ortes ist

für die völkerrechtlichen Pflichten der USA aus den Genfer Abkommen ohne Belang. Vor hundert Jahren wurde Guantanamo von Kuba an die USA verpachtet. Das bedeutet, dass Kuba als der verpachtende Staat zwar das Zuordnungssubjekt des betreffenden Gebietes (im innerstaatlichen Recht würde man sagen:»der Eigentümer«) geblieben ist, die USA aber ihre Hoheitsgewalt über das Gebiet voll und ganz ausüben. Die Genfer Abkommen erlegen ihren Vertragsparteien und damit auch den USA gerade völkerrechtliche Pflichten in Bezug auf die Ausübung ihrer Hoheitsgewalt gegenüber den rechtlich geschützten Personen auf, gleich, wo sich diese Personen befinden. Einschränkungen oder Ausschluss der Zuständigkeit nationaler Gerichte durch US-Recht, derentwegen Guantanamo womöglich als Gewahrsamsort gewählt worden ist, berühren keineswegs die Völkerrechtspflichten der USA nach den Genfer Abkommen. Der Status von Guantanamo als Pachtgebiet ist folglich wohl für amerikanisches Prozessrecht, nicht hingegen für die einschlägigen Völkerrechtspflichten der USA erheblich.

Im Übrigen aber enthält die für die weitere Entwicklung grundlegende Presseerklärung des Weißen Hauses gleich mehrere Rechtsfeststellungen, die bedenklich bis unhaltbar sind.

I. Die These von den »zwei Kriegen«

Richtig ist die erste Feststellung des Weißen Hauses, dass mit Beginn der Intervention in Afghanistan zwischen diesem Staat und den USA ein internationaler bewaffneter Konflikt ausgebrochen war, der gem. Art. 2 des III. Genfer Abkommens die Anwendung dieser so genannten »Kriegsgefangenenkonvention« gebot. Wenn allerdings festgestellt wird, dass ein weiterer bewaffneter Konflikt gegeben sei, der zwischen Al-Qaida und den USA in Afghanistan und gleichsam weltweit geführt würde, dann mag dies als eine Beschreibung der Fakten hingenommen werden; völkerrechtserheblich ist dieser zweite »Krieg« nur begrenzt. Denn nach wie vor sind es in erster Linie die Staaten, die durch das im internationalen bewaffneten Konflikt anwendbare Völkerrecht in seiner Gesamtheit berechtigt und verpflichtet werden. Sie sind die »Völkerrechtssubjekte« des internationalen bewaffneten Konflikts. Nur in – hier nicht gegebenen – Ausnahmefällen wird einer nichtstaatlichen Konfliktpartei Rechtspersönlichkeit, also Völkerrechtssubjektivität, zuerkannt. Für eine Terrororganisation, die ihre Gewaltaktivitäten gerade nicht nach den völkerrechtlich begrenzten Methoden und Mitteln der Kampfführung durchführt, sondern sich schwerster Gewaltkriminalität gegen Personengruppen bedient, welche gerade durch das in bewaffneten Konflikten anwendbare Völkerrecht bedingungslos geschützt sind, kann es nicht einmal im Ansatz eine Möglichkeit geben, sich als Völkerrechtssubjekt zu qualifizieren. Für »asymmetrische Kriege«, in denen die nichtstaatliche Konfliktpartei ihre »Erfolge« allein dadurch zu erzielen sucht, dass sie das im bewaffneten Konflikt anwendbare humanitäre Völkerrecht in seiner Gesamtheit missachtet, ist das Völkerrecht nicht geschaffen worden. Terrororganisationen dieser Kategorie sind als Schwerstkriminalität mit allen Mitteln des Rechtsstaates zu bekämpfen – aber eben nur mit diesen. Das auf der Rechtsgleichheit der Konfliktparteien basierende humanitäre Völkerrecht findet hier nicht einmal einen Ansatzpunkt für seine Anwendbarkeit.

Verheerend für einen Rechtsstaat wäre allerdings, wenn er eine Rechtlosstellung von Terroristen oder Terrorverdächtigen zu bewirken versuchte, indem er zunächst den Kampf gegen eine Terrororganisation zu einem bewaffneten Konflikt erklärt und damit die Anwendbarkeit des für bewaffnete Konflikte geltenden Völkerrechts insinuiert, um dann wiederum das spezifische völkerrechtliche Schutzrecht im Hinblick auf jenen Personenkreis auszuschließen, ihm aus verfahrensrechtlichen Gründen des nationalen Rechts den Gerichtsschutz zu verwehren und ihn dergestalt zum »outlaw« zu machen. Eines Rechtsstaats ist dies nicht würdig. Der Verdacht, dass in eine solche Richtung gedacht wird, ist angesichts der 3. und der 4. Feststellung der Presseerklärung des Weißen Hauses nicht auszuschließen.

II. Der Schutzbereich der Kriegsgefangenenkonvention

Das im internationalen bewaffneten Konflikt anwendbare Völkerrecht trifft in Bezug auf die am Konflikt beteiligten oder von ihm betroffenen Personen die grundlegende Unterscheidung zwischen Kombattanten und Zivilpersonen. Hinsichtlich der Kombattanten wird von dem feststehenden Befund ausgegangen, dass eine Konfliktpartei als Völkerrechtssubjekt Waffengewalt gegenüber einer anderen Konfliktpartei durch ihr Organ »Streitkräfte« ausübt und dass gemäß dieser Organeigenschaft und Aufgabe der Streitkräfte ihre Mitglieder den Kombattantenstatus besitzen. Das bedeutet, nur eine Konfliktpartei, die Völkerrechtssubjekt ist, kann Streitkräfte haben, deren Mitglieder Kombattanten sind. Geraten die derart definierten Kombattanten in den Gewahrsam der gegnerischen Konfliktpartei, dann haben sie gem. Art. 4 A Nr. 1 der Kriegsgefangenenkonvention den geschützten Status von Kriegsgefangenen. Die Taliban stellten im Afghanistan-Konflikt das für Auslösung und Durchführung der Kampfhandlungen faktisch verantwortliche Organ ihres Staates im völkerrechtlichen Sinne dar. Dies ist eine rechtslogische Folge schon aus der Annahme des Weißen Hauses, auf den Afghanistan-Konflikt sei die Kriegsgefangenenkonvention anzuwenden, denn diese setzt ja gerade voraus, dass an dem Konflikt das Völkerrechtssubjekt Afghanistan mit seinen Streitkräften, bestehend aus Kombattanten, beteiligt war.

Genau hinsichtlich dieser Rechtsfolge besteht der Bruch in der Argumentation des Weißen Hauses, wenn festgestellt wird, dass weder das gefangene Personal der Taliban noch das gefangene Personal von Al-Qaida ein Recht auf den Kriegsgefangenenstatus nach der Kriegsgefangenenkonvention habe. Zur Begründung der Versagung des Kriegsgefangenenstatus gab das Weiße Haus an, die Taliban- und Al-Qaida-Gefangenen müssten, um diesen Status zu erhalten, vier Bedingungen erfüllen: Sie müssten Teil der »militärischen Hierarchie sein«; sie müssten beim Einsatz Uniform oder andere, aus der Ferne erkennbare Unterscheidungsmerkmale getragen haben, sie müssten ihre Waffen gezeigt und sie müssten ihre militärischen Operationen in Übereinstimmung mit den Gesetzen und Bräuchen des Krieges durchgeführt haben.[1] Mit dieser Erklärung wurde eine völkerrechtlich nicht haltbare Argumentation präsentiert. Die vier zitierten Merkmale sind nämlich gem. Art. 4 A Nr. 2 der Kriegsgefangenenkonvention ausschließlich erforderlich für »Mitglieder anderer Milizen und Freiwilligenkorps, einschließlich solcher von organisierten Widerstandsbewegungen, die zu einer am Konflikt beteiligten Partei gehören«. Für die in derselben Vorschrift unter Nr. 1 aufgeführten »Mitglieder von Streitkräften« gelten sie gerade nicht: denn Mitglieder von Streitkräften sind allein aufgrund der organschaftlichen Zugehörigkeit der Streitkräfte zur Konfliktpartei bereits Kombattanten. Verletzen sie das Unterscheidungsgebot oder die Pflicht, das im Konflikt anwendbare Völkerrecht zu beachten, dann können sie je nach Schwere des Falles wegen Kriegsverbrechen verfolgt werden. Den automatischen Verlust des Kriegsgefangenenstatus sieht die Kriegsgefangenenkonvention indessen nicht vor.

Entscheidend aber ist, dass die Kriegsgefangenenkonvention selbst eine klare und nicht weiter auslegungsfähige Regel für den Fall enthält, dass Unklarheit über die Kombattanteneigenschaft und demzufolge über den Kriegsgefangenenstatus herrscht. Art. 5 Abs. 2 des III. Genfer Abkommens stellt fest: »Bestehen Zweifel, ob eine Person,

1 George H. Aldrich: The Taliban, Al Qaeda, and the Determination of Illegal Combatants, in: Humanitäres Völkerrecht, Informationsschriften 4/2002, S. 202, 204.

die eine kriegerische Handlung begangen hat und in Feindeshand gefallen ist, einer der in Art. 4 aufgezählten Kategorien angehört, so genießt diese Person den Schutz des vorliegenden Abkommens, bis ihre Rechtsstellung durch ein zuständiges Gericht festgestellt worden ist.« Dass das Gefangenenpersonal der Taliban »kriegerische Handlungen« im Sinne dieser Vorschrift begangen hatte, hat das Weiße Haus implizite festgestellt, denn ansonsten hätte es ihm ja gar nicht Missachtung der Gesetze und Gebräuche des Krieges vorwerfen können. Ob und inwieweit einzelne Gefangene Streitkräfteangehörige und damit Kombattanten sowie anschließend Kriegsgefangene waren oder aber als Zivilpersonen völkerrechtswidrig Kriegshandlungen begangen haben, hat nach eindeutiger Maßgabe der Kriegsgefangenenkonvention eine hierzu einzusetzende Instanz der dritten Gewalt zu entscheiden. Bis zu deren Entscheidung kommt den Gefangenen ebenso eindeutig der Kriegsgefangenenstatus zu. Den von der US-Administration wiederholt in die Kontroversen über die Gefangenenbehandlung eingebrachten Begriff des »unlawful combatant« kennt das Völkerrecht jedenfalls nicht. Es unterscheidet im internationalen bewaffneten Konflikt ausschließlich zwischen Kombattanten und Zivilpersonen.

Damit aber hätten die in Guantanamo inhaftierten Personen der Taliban bis zur Entscheidung eines Gerichts, das unverzüglich zu benennen oder einzusetzen völkerrechtliche Pflicht der USA gewesen wäre, den im III. Genfer Abkommen in allen Einzelheiten ausgeprägten Status des Kriegsgefangenen gehabt. Gem. Art. 13 der Kriegsgefangenenkonvention hätten sie »jederzeit mit Menschlichkeit behandelt werden« müssen. »Jede rechtswidrige Handlung oder Unterlassung seitens des Gewahrsamstaates, die den Tod oder eine schwere Gefährdung der Gesundheit eines in seinen Händen befindlichen Kriegsgefangenen zur Folge hat, ist untersagt und gilt als schwere Verletzung des vorliegenden Abkommens.« Und insbesondere gilt: »Die Kriegsgefangenen werden ferner jederzeit geschützt, insbesondere auch vor Gewalttätigkeit oder Einschüchterung, Beleidigungen oder öffentlicher Neugier.« Darüber, inwieweit diesen Geboten Rechnung getragen worden ist, vermag angesichts der Fülle der Aufnahmen von Guantanamo sogar der aufmerksame Fernsehzuschauer zu urteilen. Die schlichte Verweigerung des Kriegsgefangenenstatus für Taliban-Personal, wie in der Präsidenten-Erklärung vom 7. Februar 2002 geschehen, ist jedenfalls mit den insoweit klaren Regelungen der Kriegsgefangenenkonvention nicht zu vereinbaren.

Anderes gilt für das inhaftierte Al-Qaida-Personal. Es ist zwar – trotz der Herkunft dieser Personen aus den verschiedensten Ländern – völkerrechtlich nicht von vornherein ausgeschlossen, dass auch sie oder einige von ihnen der bewaffneten Organisation angehörten, die als Streitkräfte der Konfliktpartei Afghanistan zu qualifizieren sind. Wenn indessen im Einzelfall der Verdacht überwiegt, dass Gefangene nicht zur bewaffneten Macht der Taliban gehören, sondern Mitglieder der berüchtigten Terrororganisation sind, dann macht dieser Befund sie keineswegs rechtlos. Vielmehr wäre sodann zu prüfen, ob und inwieweit sie durch das IV. Genfer Abkommen vom 12. August 1949 zum Schutze von Zivilpersonen in Kriegszeiten erfasst werden.

III. Der Schutzbereich der Zivilschutzkonvention

Wenn, wie die Präsidenten-Erklärung vom 7. Februar 2002 feststellt, die Kriegsgefangenenkonvention anwendbar ist, dann gilt Gleiches unausweichlich auch für die Zivilschutzkonvention, denn sowohl Afghanistan als auch die USA sind Vertragsparteien dieser Konvention, deren Anwendungsvoraussetzungen die gleichen wie jene der Kriegsgefangenenkonvention sind. Der persönliche Schutzbereich dieser Konvention ist in ihrem Art. 4 niedergelegt: »Durch das Abkommen werden die Personen geschützt, die sich im Falle eines Konfliktes oder einer Besetzung zu irgendeinem Zeitpunkt und gleichgültig auf welche Weise im Machtbereich einer der am Konflikt beteiligten Parteien oder einer Besatzungsmacht befinden, deren Angehörige sie nicht sind.« Bei den Al-Qaida-Gefangenen handelte es sich ganz überwiegend nicht um Staatsangehörige einer der Konfliktparteien. Allerdings kann solchen Personen auch der Schutz der Zivilschutzkonvention entzogen werden. Art. 5 des IV. Genfer Abkommens bestimmt: »Hat eine am Konflikt beteiligte Partei wichtige Gründe anzunehmen, dass eine auf ihrem Gebiet befindliche und durch das vorliegende Abkommen geschützte Einzelperson unter dem begründeten Verdacht steht, eine der Sicherheit des Staates abträgliche Tätigkeit zu betreiben, oder ist festgestellt, dass sie sich tatsächlich einer derartigen Tätigkeit widmet, so kann sich die betreffende Person nicht auf durch das vorliegende Abkommen eingeräumte Rechte und Vorrechte berufen, die, würden sie zugunsten dieser Person angewendet, der Sicherheit des Staates abträglich wären.« Dies trifft natürlich erst recht für Personen zu, die während der Kampfhandlungen in Afghanistan im direkten Zusammenhang mit den dortigen Aktivitäten von Al-Qaida gefangen genommen worden sind, z.B. in Ausbildungslagern o.Ä. Doch gilt auch hier: »In jedem dieser Fälle werden derartige Personen jedoch mit Menschlichkeit behandelt und im Falle einer gerichtlichen Verfolgung nicht des Anspruchs auf ein gerechtes und ordentliches Verfahren, wie es das vorliegende Abkommen vorsieht, für verlustig erklärt.«

Damit ist klar: Weder die Kriegsgefangenenkonvention noch die Zivilschutzkonvention räumen den mutmaßlichen Terroristen irgendwelche Vorteile ein. Doch beide Konventionen gebieten das unabhängige Gerichtsverfahren in Zweifels- oder Verdachtsfällen und sind daher eine völkervertragsrechtliche Ausprägung des gewohnheitsrechtlichen Grundsatzes eines menschenrechtlichen Mindeststandards, nach dem jeder Staat einer jeden Person völkergewohnheitsrechtlich die Gleichheit vor Gesetz und Gericht einschließlich eines geordneten Verfahrens und rechtlichen Gehörs zu garantieren hat.[2] Jegliche Berücksichtigung von Recht mögen offenkundig auch die USA nicht in Abrede stellen, denn die Präsidenten-Erklärung vom 7. Februar 2002 enthält in ihrem letzten Punkt immerhin die Feststellung, dass die Gefangenen in Übereinstimmung mit den allgemeinen Grundsätzen der Kriegsgefangenenkonvention menschlich behandelt werden. Dieser Generalverweis entspricht allerdings nicht der völkerrechtlichen Lage, nach der sowohl die Kriegsgefangenenkonvention wie auch die Zivilschutzkonvention in der oben dargelegten Weise korrekt anzuwenden sind. Gerade das humanitäre Völkerrecht steht nicht zur Disposition der ihm verpflichteten Staaten, sondern ist im Rahmen der Genfer Konventionen deshalb so akribisch ausgearbeitet worden, weil namentlich in der verletzungsanfälligen Situation des bewaffneten Konflikts ein Mindestmaß an Schutz des Menschen sichergestellt sein soll. Die USA sollten sich mit allen anderen Rechtsstaaten dieser Welt eins wissen in der bedingungslosen Bekämpfung des Terrorismus. Sie sollten sich jedoch davor hüten, durchsichtige oder gar unhaltbare Völkerrechtskonstruktionen zu wählen, um auf diesem dunklen Pfad der Strenge der eigenen Rechtsordnung auszuweichen. Dem Völkerrecht, dessen Schutz und Stütze auch die Weltmacht immer wieder brauchen wird, würde damit der schlechteste Dienst erwiesen.

IV. Der Menschenrechtsschutz

Schließlich sind Afghanistan und die USA ebenfalls Vertragsparteien des Internationalen Pakts über Bürgerliche und Politische Rechte vom 19. Dezember 1966, eines der beiden großen Menschenrechtspakte der Vereinten Nationen. Zwar haben die USA bei Ratifikation dieses Pakts eine Reihe von Vorbehalten eingelegt, die seine Wirkung

2 S. hierzu K. Ipsen: Völkerrecht, 5. Aufl., 2004, § 50, Rdnr. 6, 11.

noch über die gem. Art. 4 im Notstandsfall zulässigen Einschränkungen hinaus relativieren, doch erklärt gerade Art. 4 Abs. 2 des Pakts zwei wesentliche Vorschriften ausdrücklich für notstandsfest. So darf gem. Art. 7 niemand »grausamer, unmenschlicher oder erniedrigender Behandlung oder Strafe unterworfen werden«. Ebenso klar gebietet Art. 16: »Jedermann hat das Recht, überall als rechtsfähig anerkannt zu werden.« Diese beiden definitiven Vertragsbestimmungen reflektieren das, was auch zum Grundbestand oder Mindeststandard des völkergewohnheitsrechtlichen Menschenrechtsschutzes gehört. Hierzu zählen nämlich die Rechtspersönlichkeit und das Recht auf Leben sowie körperliche Unversehrtheit, wobei in das letztgenannte Recht nur auf Gesetzesbasis, keinesfalls aber in grausamer, unmenschlicher oder erniedrigender Weise eingegriffen werden darf. Allerdings haben die USA gegenüber globalen oder regionalen Systemen des Menschenrechtsschutzes stets eine gewisse Distanz erkennen lassen, was ihre eigene Mitgliedschaft anbetraf. Dem Internationalen Pakt über Bürgerliche und Politische Rechte sind sie erst nach langem Zögern und erst achtzehn Jahre nach seinem Inkrafttreten beigetreten. Wie zutreffend festgestellt worden ist, »ergibt sich im Menschenrechtsbereich also das Bild, dass derjenige Staat, der den Menschenrechtsschutz mit einseitigen Maßnahmen wie wirtschaftlichen Sanktionen oder der Veröffentlichung von kritischen Berichten über andere Staaten am stärksten betreibt, sich gleichzeitig der Einordnung in das multilaterale Menschenrechtsschutzsystem am stärksten verweigert«.[3] Was hier im Allgemeinen kritisiert wird, lässt sich bedauerlicherweise auch im besonderen Fall der Verfolgung eines wegen Al-Qaida-Kontakten verdächtigen US-Staatsangehörigen feststellen. Es handelte sich um den US-Bürger Padilla, der am 8. Mai 2002 bei seiner Einreise in die USA auf dem Chicagoer Flughafen festgenommen worden und sodann in einem Hochsicherheits-Militärgefängnis

3 So G. Nolte: Die USA und das Völkerrecht, in: Die Friedenswarte, 78/2003, S. 124.

festgehalten worden ist, wobei Anwaltskontakt mit der Begründung verweigert wurde, Padilla sei ein »enemy combatant«. Zu diesem Verfahren ist in einer gründlichen Untersuchung zutreffend festgehalten worden, dass die US-Administration es für ihr Recht halte, »darüber bestimmen zu dürfen – egal, ob es sich um einen eigenen Staatsangehörigen handelt oder nicht, und egal, ob er auf US-Territorium gefangen genommen wurde oder nicht –, ob einem Terrorverdächtigen ›due process‹-Garantien gewährt werden. Diese Auffassung vertritt sie nämlich, wenn sie die alleinige Entscheidungsbefugnis darüber beansprucht, ob ein Terrorverdächtiger als ›unlawful combatant‹ deklariert wird, und dem Betroffenen sodann die Rechte verweigert, zu deren Gewährleistung sie auch völkerrechtlich qua Geltung des Mindeststandards bzw. menschenrechtlicher Minimalgarantien unter ›fair trial‹-Gesichtspunkten verpflichtet wäre. Zu vergegenwärtigen ist zudem, dass die Verweigerung von Rechtsschutz jedenfalls unter fremdenrechtlichen Gesichtspunkten ein völkerrechtliches Delikt darstellt – und Padilla durch die Einstufung als ›feindlicher Kombattant‹, auf den die nationale Rechtsordnung angeblich keine Anwendung finden soll, faktisch in den Status eines ›Fremden‹ versetzt wurde. Somit liegt aus völkerrechtlicher Sicht eine besonders delikate Form einer Rechtswegverweigerung (›denial of justice‹) vor.«[4] Obgleich der Autor dieser richtigen Einschätzung die Kritik überzieht, wenn er diesen Fall als Beispiel für eine rechtsmissbräuchliche Berufung auf das humanitäre Völkerrecht kennzeichnet, so ist doch eindeutig, dass eine Qualifikation als »unlawful« oder »enemy combatant« mit der Folge der Exemtion von staatlicher Gerichtsbarkeit keinerlei Grundlage im humanitären Völkerrecht findet. Immer-

4 So S. Peterke: Die Umgehung rechtsstaatlicher Garantien durch Bestimmung Terrorverdächtiger zu »feindlichen Kombattanten«. Zur Entscheidung des New Yorker Bundesberufungsgerichts in der Sache »Padilla v. Rumsfeld«, in: Humanitäres Völkerrecht – Informationsschriften 1/2004, S. 42.

hin hat der U.S. Supreme Court als höchstes Gericht im Juni 2004 im Einzelfall verfahrensrechtliche Garantien auch Guantanamo-Gefangenen zugesprochen.

Der Bundesaußenminister hat am 22. Januar 2002 laut Pressemitteilung des Auswärtigen Amtes zum Guantanamo-Komplex Folgendes erklärt:

»Im Kampf gegen den internationalen Terrorismus verteidigen wir auch unsere Grundwerte. Sie gelten ohne Ansehen der Person. Sie schützen Leben und Würde des Menschen. Dies ist es, was wir der terroristischen Herausforderung entgegenstellen müssen.

Mit Blick auf die Inhaftierten in Guantanamo sind wir deshalb der Auffassung, dass sie, unabhängig von einer späteren Statusdefinition, wie Kriegsgefangene zu behandeln sind, d. h. in Übereinstimmung mit dem humanitären Völkerrecht, so wie es die Genfer Konvention festschreibt:
– menschliche Behandlung
– Achtung der Person und Ehre
– Schutz vor Gewalttätigkeit und Einschüchterung
– Anspruch auf ärztliche Behandlung
– bei Gerichtsverfahren rechtsstaatliche Garantie
Über die volle Einhaltung dieser völkerrechtlichen Standards wacht das IKRK, dem die USA volle Zugangs- und Kontrollrechte im Gefangenenlager von Guantanamo eingeräumt haben.

Dabei steht selbstverständlich außer Zweifel, dass die Gefangenen jeweils individuell für von ihnen begangene Taten zur Verantwortung gezogen werden.«

Gerade der Anspruch der Vereinigten Staaten als Führungsmacht der freien Welt lässt es angeraten erscheinen, das Völkerrecht auch in Bezug auf die Gefangenen in Guantanamo peinlichst genau zu beachten.

Markus Wriedt

Christentum und Islam

Zu den historischen Grundlagen und gegenwärtigen
Möglichkeiten eines lange überfälligen Dialogs

Die aktuelle Diskussion über den Islam und seine unterschiedlichen
Ausprägungen wird dominiert von der Wahrnehmung des radikalen
Fundamentalismus und seiner teilweise militant-terroristischen Er-
scheinungen. Derartige Charakterisierungen treffen den Islam ebenso
wenig wie die fundamentalistischen Ausprägungen das Christentum.
Solche Erscheinungen können und müssen aus ihrer historischen
Entwicklung heraus verstanden werden. Bevor die Reibungsverluste
an den Begegnungsgrenzen zwischen Islam und Christentum in der
Gegenwart bearbeitet werden können, ist zunächst mit der Geschichte des Islam und seiner Beziehung zum Christentum einzusetzen.

Das Leben Mohammeds

Schon die historisch-kritische Erschließung der Ursprungssituation
des Islam ist von gravierenden Unterschieden im Blick auf die Ent-
stehung des Christentums geprägt. Während das Letztere neben den
eigenen Gründungsurkunden eben auch in nichtchristlichen Quellen
rasch historisch verifizierbare Erwähnung findet, gründet die An-

fangsgeschichte Mohammeds weitgehend auf Schriften, die teilweise noch von ihm selbst, freilich nicht mit dem Anspruch autobiographischen Zeugnisses, und teilweise von seinen engsten Nachfolgern zusammengestellt worden sind. Dazu zählen vorrangig: der Koran als die von Gott offenbarte Weissagung aus dem Munde Mohammeds, die von ihm selbst aufgezeichnet wurde; die Sira, eine Anfang des 7. Jahrhunderts entworfene, gleichsam kanonische Sammlung von Lebensbeschreibungen Mohammeds, und die Hadit, eine Auslegungsgeschichte des Korans aus den ersten Jahrhunderten des Islam, die vor allem im Blick auf dessen Alltagstauglichkeit und praktische Umsetzung (Sunna) von Bedeutung ist.

Parallelüberlieferungen sind kaum bekannt. Eine innerislamische historische Kritik der Überlieferungen zu Leben und Lehre Mohammeds blieb früh im Formalen stecken und führte eher zu Abspaltungen als zu einer gemeinsamen Fassung der Koranauslegung und ihrer Überlieferung.

Mohammed Ibn Abdallah wurde um 570 in Mekka geboren. Etwa seit seinem vierzigsten Lebensjahr predigte er in der Öffentlichkeit gegen den herrschenden Zeitgeist einer auf den Moment der Lebensfreude gerichteten Handlungsorientierung für eine geistig-moralische Wende zu einem streng religiös begründeten, puritanisch anmutenden Lebensstil. In kurzen, parataktischen Sätzen, einem rauen Stil und einer auch für die damalige Zeit schroffen Weise beschwor er das bevorstehende Gericht Gottes und dessen Zorn. Das provozierte den wachsenden Widerstand der Bürger von Mekka, der ihn 622 mit seiner Familie und ersten Anhängern in die nördlich von Mekka gelegene nächste Handelsstadt Yatrib (Medina) umziehen ließ. Mit dieser Wanderung ins Exil (Hedschra) beginnt die islamische Zeitrechnung. Der weitere Aufstieg der kleinen Familien- und Stammesgemeinschaft zu einer größeren sozialen Einheit verdankt sich militärischen Erfolgen, wobei auch die Rivalität mit dem Judentum zum Tragen kam. In seinem Selbst- und Sendungsbewusstsein gestärkt, kehrt Mohammed mit seinen Anhängern 630 nach Mekka zurück. Dort erlässt er die ersten kultischen Vorschriften, die zur späteren Ausprägung des Islam als einer alle Bereiche umfassenden Lebensform führen sollen. Als Mohammed 632 in Mekka stirbt, prägen diese Verhaltensnormen in erheblichem Maße seine Umwelt.

Mohammed ist »das Siegel der Propheten«, denn er verkündet abschließend das Gesetz des alleinigen Gottes. Dieses ist eine moralische Forderung. Der Islam begründet eine Religion im Sinne einer Gemeinschaft, die sich durch die unlösbare Verbindung von Glaube und Kultur auszeichnet. Insofern die lebenspraktische Manifestation des Glaubens durch die Einhaltung fester Regeln und Verhaltensmuster im Mittelpunkt steht, ist die Frage religiöser Toleranz unangemessen: Man kann das Heil nur durch die Befolgung der das Paradies verheißenden Regeln erlangen – oder gar nicht.

Der neue Glaube

Die Glaubenslehren Mohammeds verbreiten sich in rascher Folge über die arabische Halbinsel und in wachsendem Maße auch in den Mittelmeerraum hinein. Ein Grund für die hohe Attraktivität der neuen ›Religion‹ mag darin liegen, dass der Islam sich als die schlechterdings alle Lebensbereiche umfassende Lebensregel manifestiert. Der Islam besteht im Wesentlichen aus Regeln, welche das menschliche Zusammenleben in einer transzendentalen Orientierung bestimmen. Die gleichsam theoretische Aussage des Glaubensgrundes ist verhältnismäßig unspezifisch. Wie in Judentum und Christentum wird die Existenz Gottes behauptet, dem im Islam noch seine kommunikativen Mittler, Engel und Propheten, beigeordnet werden. Die Folge des Glaubens an Gott besteht in eschatologischer Perspektive in der Auferstehung. Der Glaube erweist sich als lebensbestimmende Erfahrung einer alle bisherigen Orientierungen überwindenden Gottesbegegnung. Der Monotheismus des Judentums findet sich im Islam wieder: Gott ist einzig und bedarf keiner Gefährten. Das hat sich im Leben des Frommen auszudrücken. Mohammeds Beschreibung Gottes als des allgewaltigen Schöpfers und allmächtigen Weltenlenkers ist über weite Strecken mit dem israelitischen Zeugnis des Alten Testaments kompatibel. Insofern deckt sich diese Gottesvorstellung auch in erheblichem Maße mit christlichen Überzeugungen. Der gravierende Unterschied zwischen den drei monotheistischen Weltreligionen liegt in der praktischen Frömmigkeit. Der Gottesglaube des frommen Moslems manifestiert sich in fünf Pflichten (arkan): das Glaubensbekenntnis (schahada), durch welches die aktive Zugehörigkeit zur Gruppe der frommen Muslime konstituiert wird, weiterhin ein Komplex gottesdienstlicher Handlungen (salat), die fünfmal am Tage verrichtet werden sollen, am besten in einem dafür hergerichteten Gebetsraum (masgid) mit der Richtung des Kopfes nach Mekka. Die Gebete sind mit bestimmten Verbeugungen verbunden. Auf das Gebet bereitet der Moslem sich durch rituelle Waschungen vor. Drittens: Die Gabe von Almosen (zakat) ist für alle Mitglieder der Glaubensgemeinschaft verpflichtend. Sie werden als Darlehen verstanden, die Allah hundertfältig vergelten wird. Das religiöse Fasten (saum) ist als vierte verpflichtende Regel auf den neunten Monat des islamischen Mondjahres (Ramadan) festgelegt. Tagsüber enthält sich der Fromme jeglicher Speise und jeglichen Trankes. Ausgenommen von dieser Regel sind allein Kranke. Und schließlich die Pilgerfahrt nach Mekka im zwölften Monat des islamischen Jahres (hadsch). Voraussetzung zur Teilnahme ist auch hier die kultische Reinheit. Während der Reise werden zahlreiche traditionelle Zeremonien wie die siebenmalige Umrundung der Kaaba, eines Heiligtums noch aus vorislamischer Zeit, die Versammlung auf dem Hügel Arafat in der Ebene zwanzig Kilometer östlich von Mekka, die Opferung von Schafen und Kamelen in Mina sowie die Steinigung des Teufels beim Überqueren eines Wadi vorgenommen. Sie sind allesamt im Koran belegt und geboten.

Diese fünf Hauptpflichten werden nun im Laufe der Zeit durch weitere Handlungsanweisungen und Gebote ergänzt: 1. Der Kampf auf dem Wege Gottes (Dschihad) ist Ausdruck des steten Widerstandes gegen Welt, Ungläubige und den Teufel. Erst in späterer Zeit wurde aus dem Kampf gegen die Anfechtungen ein martialischer Kampf gegen die vermeintlichen oder tatsächlichen Gegner des Islam. 2. Das Verbot von Alkohol und Rauschmitteln wurde weder flächendeckend noch in allen Zeiten der islamischen Geschichte durchgehalten. 3. Das Verbot von Zins und Wucher fand sogar seinen Niederschlag in etlichen politischen Richtlinien und provozierte analoge Reaktionen auch in der nichtislamischen Welt. 4. Der Beibehaltung der Sklaverei kam im Zuge der islamischen Eroberung Afrikas eine erhebliche wirtschaftliche Bedeutung zu. 5. Auch die Vielehe verdankt sich wesentlich der nomadischen Kultur Arabiens. 6. Ursprünglich enthielt die Scharia keine anderen Forderungen als beispielsweise das mosaische Gesetz oder die Strafregeln der vorderorientalischen Kultur. Erst die höchst unterschiedliche Entwicklung der westlich-christlichen und der islamischen Kultur seit dem 18. Jahrhundert führte zur Identifikation dieser Gesetzessammlung mit dem insgesamt als rückständig und inhuman charakterisierten Islam. Gleichwohl verengt der Blick auf die Scharia als Strafgesetzbuch dessen alle Bereiche des Lebens umfassende Alltagsbedeutung. Die Ausdifferenzierung der islamischen Kultur verbindet sich sehr stark mit einer kontextabhängigen Auslegungs- und Anwendungspraxis der Scharia.

Insgesamt sind es die konkret umgesetzten Ausführungsbestimmungen des Korans, welche im Zuge der Geschichte des Islam zu vielfältigen Konflikten führten. Die unterschiedliche Gewichtung lebenspraktischer Manifestationen islamischer Frömmigkeit bis hin zu deren fundamentalistischer Verabsolutierung provozieren Auseinandersetzungen, die zunehmend gewaltsam ausgefochten werden.

Die Ausbreitung des Islam

Während das Christentum sich innerhalb der bestehenden Ordnungen des in der Spätantike zerfallenden Römischen Reiches verbreitete, schuf sich der Islam zunächst ein Herrschaftsgebiet mit militärischen Mitteln und bildete dann auch innerhalb der unterworfenen Bevölkerung eine muslimisch dominierte Gesellschaft. Als Mohammed starb, hatte er seine Nachfolge nicht geregelt. Rasch keimten Konflikte auf. Die Folgen für die islamische Bewegung können schwerlich überschätzt werden. Die arabisch-islamischen Eroberungskriege entwickelten sich aus den Kämpfen gegen die arabischen Stämme: Zunächst drangen die Truppen in den syrisch-palästinensischen Raum vor (635 Damaskus) und in der zweiten Hälfte des 7. Jahrhunderts vermehrt über Ägypten (641) in nordafrikanische Territorien hinein. Ab dem 8. Jahrhundert setzten sich islamische Verbände in Spanien fest. Den größten Landgewinn konnten islamische Heere im Osten verzeichnen: Das Reich der Sassaniden fiel 635, so dass die Gebiete des heutigen Iran und Irak sowie Teile der Osttürkei sich bis zum Beginn des 8. Jahrhunderts fest in arabisch-islamischer Hand befanden. Im Mittelalter eroberten islamisierte Nomaden aus dem Osten dem Islam neue Regionen von der Türkei bis hin zum Balkan. Seit dem 11. Jahrhundert drang der Islam über das Hindustal auf den indischen Subkontinent vor. Zur gleichen Zeit kolonialisierten islamische Verbände militärisch Westafrika. Ostafrika wurde hingegen durch intensive Handelsbeziehungen dem Islam erschlossen. Wo dieser durch militärische Mittel die Herrschaft errang, entstand ein von den islamischen Herrschaftseliten geförderter Druck zur Annahme des Islam.

Innerhalb der islamischen Welt wird die Trennung von Kirche/Religion und Staat/weltlichem Bereich bis heute nicht thematisiert. Die islamische Glaubensgemeinschaft (umma) ist das bestimmende soziale Gefüge, dem sich jegliche politische, soziale, kulturelle Formation einzufügen hat. Diese Gemeinschaft wird von Gott durch seinen Stellvertreter auf Erden geleitet. Das war zunächst der Prophet selbst und nach dessen Tod seine rechtmäßigen Nachfolger, der Kalif oder Imam. Die Rechtmäßigkeit seiner Nachfolge garantiert die rechte Auslegung und Anwendung des göttlichen Gesetzes (Scharia). Nur so konnten die Moslems sicher sein, dass ihr Leben nach Maßgabe des göttlichen Gesetzes verlief und ihnen nach ihrem Tode das Paradies offen stand. Infolge der nicht geregelten Nachfolge des Propheten entstanden aus der Frage der Sukzession heftige Konflikte. Früh spalteten sich islamische Teilbewegungen ab:

Mit neunzig Prozent aller Muslime stellen die Sunniten die größte Gruppe. Ihre Bezeichnung leitet sich von dem arabischen Begriff »sunna« – Gebrauch, Herkommen – ab. Sie schlugen den Mittelweg zwischen den nachfolgend skizzierten kleineren Teilen der islamischen Bewegung ein und akzeptierten nicht nur die vier ersten Nachfolger des Propheten, sondern auch deren Sukzessoren, die Kalifen der Dynastie der Umaiyaden (661–750) und der Abbasiden (750–1258). Später ging die Kalifenwürde u. a. auf die Herrscher des osmanischen Großreiches über. Mit den vier Rechtsschulen der Hanafiten, Malikiten, Safiten und Hanbaliten haben die Sunniten im Mittelalter die wichtigste Auslegungstradition islamischer Rechtskultur geschaffen. Innerhalb der Sunna entstand auch die für die islamische Kultur des Mittelalters höchst einflussreiche asketische Mystik (Sufik).

Die zweite größere Gruppe stellen mit neun Prozent die Schiiten. Sie sind Anhänger von Mohammeds Schwiegersohn und Vetter Ali ibn Abi Talib. Aufgrund seiner vorbildlichen Lebensgestaltung verbreiteten seine Parteigänger die Vorstellung, dass er und seine Nachfahren über ein besonderes Charisma verfügen, das sie zur Übernahme des Kalifats prädestiniert. Bereits die Nachfolge Alis (gestorben 661) war umstritten und führte zu heftigen Konflikten, in deren Folge sich vier Untergruppen der Schiiten herausbildeten:

Ende des 7. Jahrhunderts entstand eine als ›Übertreiber‹ (gulat) bezeichnete Gruppe, welche in der Verehrung der Imame so weit ging, ihnen göttliches Wesen zuzuschreiben und sie als Inkarnation Allahs zu betrachten. Späte Nachfolger dieser Gruppen finden sich noch unter den Nusairiern und den Alawiten Syriens und der Türkei.

Eine weitere Gruppe wird als Fünfer-Schiiten (Zaiditen) bezeichnet. Anstelle des von der Mehrheit anerkannten fünften Nachfolgers Ali, Muhammad al-Baqir, gaben sie einem anderen Nachkommen, Zaid ibn Ali, den Vorrang. Diese Gruppe stellt bis heute ca. fünfzig Prozent der islamischen Bevölkerung des Jemen und steht inhaltlich-dogmatisch den Sunniten wohl am nächsten.

Die Nachfolge des sechsten Imam führte erneut zu einer Abspaltung. Eine Minderheit schloss sich dem Sohn Ismael an und erhielt darüber die Bezeichnung Ismaeliten. Die Nachfahren dieses Kalifen begründeten die Dynastie der Fatimiden, die im 10. Jahrhundert von Nordafrika herkommend Ägypten eroberten und über zweihundert Jahre zu einem Großreich ausbauten. Heutige Nachkommen der Siebener-Schiiten sind die Anhänger des Aga Khan. Eine im 11. Jahrhundert sich abspaltende Gruppe bildet den Ursprung der heute im Libanon, in Syrien und in Israel lebenden Drusen.

Die Mehrzahl der Schiiten setzte nach dem siebten Imam die Reihe der Nachfolger bis zu dem zwölften Imam, Muhammad al-Mahdi, fort. Daher ihre Bezeichnung als Zwölfer-Schiiten. Dieser letzte Nachfolger des Propheten soll beim Tode seines Vaters im Jahre 874 als Fünfjähriger entrückt worden sein. Vom Ort seines Aufenthaltes (gaiba) hat er bis ins Jahr 941 seine Gemeinde durch Boten geleitet. Seitdem befindet er sich in der »großen Okkultation« (gaiba kubra) und ist trotz seiner Herrschaft über die Welt für Menschen nicht erreichbar. An seiner Stelle leiten die schiitischen Gottesgelehrten die Gemeinde. Die sich nach dem 10. Jahrhundert herausbildende Theologie der Zwölfer-Schia wurde im 16. Jahrhundert durch die Dynastie der Safawiden zur Staatsreligion des Iran und ist es − gestärkt durch die Revolution von 1978/79 unter Ayatollah Khomeni − geblieben.

Die Harigiten sind die dritte Hauptgruppe der islamischen Bewegung. Sie gehörten zunächst zu den Anhängern des ersten Imam

Ali ibn Abi Talib, trennten sich aber von ihm, weil sie sein Verhalten im ersten islamischen Bürgerkrieg (656–661) kritisierten. Während die schiitische Nachfolgeregelung wesentlich auf die Blutsverwandtschaft der Kalifen oder Imame mit ihren Amtsvorgängern aufbaut, im weitesten Sinne also als aristokratisch bezeichnet werden kann, lässt sich die harigitische Nachfolge als demokratisch oder egalitär charakterisieren: Recht auf die Nachfolge hat ein jeder, und zwar der jeweils Frömmste, »selbst wenn es sich um einen abessinischen Sklaven handeln sollte«. Aus dieser Geisteshaltung folgt eine elitäre Einstellung gegenüber den alternativen islamischen Gruppierungen, die von den Harigiten allesamt für Ungläubige gehalten werden, welche man mit Recht berauben und töten durfte. In ihrer Frühzeit war diese Gruppe als eine terroristische gefürchtet, die vor allem den sesshaft gewordenen Nomaden das Leben schwer machte. Andererseits galt sie ihrer hohen Sittlichkeit wegen auch vielerorts als Vorbild. Sie spalteten sich im Laufe der Jahrhunderte in weitere Gruppen auf, deren Nachfahren bis heute in Oman und Nordafrika zu finden sind.

Die kaum zu überschauende Vielfalt islamischer Gruppen und Verbände führt zu einer äquivalenten Vielfalt von Lebensformen und Ausgestaltungen der Lebensordnungen des Korans und der Scharia. Entsprechend schwierig ist es, insbesondere aus westlicher Sicht, allgemein verbindliche Verhaltensnormen für das Miteinander von Christentum und Islam zu entwerfen.

Begegnungen von Christentum und Islam

Juden und Christen genossen im islamischen Herrschaftsbereich theoretisch einen besonderen Status, der aus ihrer Zugehörigkeit zu einer monotheistischen Religion und ihren gemeinsamen Wurzeln resultierte. Privilegien oder Benachteiligung dieser Religionsanhänger hingen von den jeweiligen historischen Gegebenheiten ab und können nicht am Maßstab einer allgemeinen modern verstandenen Toleranz gemessen werden. Infolge der raschen Ausbreitung des Islam über die arabische Halbinsel in den Mittelmeerraum und die vorher vor allem durch die christliche Mission religiös dominierten Gebiete gerieten bald jene Anhänger des Christentums unter islamische Herrschaft. Die kontroversen Traktate des Mittelalters aus christlicher Sicht bieten zunächst noch eine offene Auseinandersetzung mit den Lehren des Korans. Sie wird unter dem Einfluss zunächst des unaufhaltsamen Vordringens des Islam wie der aggressiven christlichen Reaktion, die vom Westen aus inhaltlich dominiert wurde, in Vorbereitung späterer bewaffneter Auseinandersetzungen um die heiligen Stätten zunehmend militanter. Der Islam wird als Häresie (Irrlehre) behandelt. Zum einen werden damit zwar die gemeinsamen Wurzeln anerkannt, zum anderen wird freilich die Selbstständigkeit von Frömmigkeit und Grundlegung des Islam radikal in Frage gestellt. Die westliche Kontroverstheologie setzt unter dem Eindruck der Kreuzzüge und vor allem aber der Begegnungen mit den religiös begründeten Kulturleistungen des Islam besonders in Spanien mit dem intellektuellen Diskurs über die Wahrheit der Religion ein. In den scholastischen Werken des 11. und 12. Jahrhunderts wandelt sich die Einschätzung des Islam als antichristliche Häresie zu einer heidnischen Religion, die es zugunsten des Christentums zu überwinden gilt. Die humane Sittlichkeit und Rechtschaffenheit der Moslems werden nicht mehr grundsätzlich in Frage gestellt oder pauschal negiert. Mit Beginn der Hochscholastik wird die gemeinsam rezipierte Philosophie des Aristoteles zur Grundlage der interreligiösen Auseinandersetzung. Das hohe Niveau dieses Diskurses bleibt leider unter dem Einfluss der beginnenden Reconquista nicht lange erhalten. Das westlich-abendländische Überlegenheitsgefühl bricht sich massiv Bahn und verbindet die Kreuzzugsideologie mit einem religiös begründeten allgemeinen Hegemoniestreben. Bis auf wenige Ausnahmen findet die Auseinandersetzung des Christentums mit dem Islam im Spätmittelalter und in der frühen Neuzeit auf der Grundlage geringer Kenntnis und massiver, größtenteils haltloser Vorurteile statt, welche durch die aggressive Expansion des osmanischen Großreiches im 15. und 16. Jahrhundert noch genährt werden. Die so genannten Türkenkriege überdecken die inhaltliche Auseinandersetzung des Christentums mit dem Islam in seinen vielfältigen Erscheinungsformen nahezu völlig und bestimmen sie noch bis heute.

Moslems unter christlicher Herrschaft haben von Anbeginn unter diesen Vorgaben den einseitigen und oftmals von willkürlichen Setzungen abhängigen interreligiösen Dialog führen müssen. Im Zuge der Rückeroberung zahlreicher Gebiete wurden sie gezwungen, diese zu verlassen oder zum katholischen Glauben zu konvertieren. Für Sizilien und Spanien wurden aufgrund der militärischen Stärke islamischer Herrscher zwar Sonderregelungen ausgehandelt, gleichwohl war die christliche Expansion vor allem mit massiven Eingriffen in die von zahlreichen Regeln strukturierte islamische Alltagskultur verbunden. Aufgrund der abendländischen Kirchenspaltung identifizierten die Träger der konfessionellen Auseinandersetzung hierüber den Islam wechselweise mit dem konfessionellen Gegner bzw. dem endzeitlichen »Antichristen«.

Mit dem Zerfall des Osmanischen Reiches und dem Vordringen der Kolonialmächte im 19. Jahrhundert ergibt sich für die frommen Muslime eine völlig neue Situation: Der Ägypten-Expedition Napoleons (1799) folgte die Unterwerfung Algeriens durch Frankreich und die Festigung der Vormachtstellung dieses europäischen Staates in weiten Teilen Afrikas. Wenig später wurde die britisch-holländische Hegemonie in Indien und Indonesien gefestigt. Der gesamte islamische Bereich des Nahen Ostens sah sich im Schatten bewaffneter Konflikte dem Zwang zur Standortbestimmung und einer damit verbundenen politisch-kulturellen Öffnung nach Westen ausgesetzt. Dort ermöglichte zugleich die historisch-kritische Erforschung der Bibel im 18. und 19. Jahrhundert ein neues und weiteres Missionsverständnis. Gleichsam als Nebenprodukt entstand auch die historisch-kritische Koranforschung

Das Christentum wurde auf islamischer Seite mit dem imperialistischen Hegemonialstreben der westlichen Mächte Europas identifiziert. Das ließ die theologische Auseinandersetzung im Sinne eines gelehrten Disputs, den Austausch von kontroverser Literatur und Briefen sowie Religionsgespräche, völlig in den Hintergrund treten. Teilweise reagierten die neuen, westlich geprägten Kolonialherren auf die mit der Bedrohung des Westens durch das osmanische Großreich verbundenen Vorurteile.

Strukturen des Dialogs

Der interreligiöse Dialog zwischen Islam und Christentum ist über weite Strecken von mehreren Verständnishindernissen belastet. Zunächst ist die strukturelle Differenz zwischen einer Erlösungsreligion und einer auf eine ganzheitliche Lebensform abzielenden moralischen Forderung zu beachten. Hinzu kommt, dass das Christentum im Verlauf eines etwa zweihundert Jahre währenden Aufklärungsprozesses sich gravierend gewandelt hat. Weder kann es weiterhin eine alle Lebensbereiche tatsächlich normierende und kontrollierende Funktion beanspruchen, noch lässt das infolge der – christlichen – Aufklärung entstandene nach Autonomie strebende Subjekt dies zu. Damit entwickelt sich das Christentum als individuelle Glaubensüberzeugung zu einer transzendentalen Sinn- und Lebensorientierung neben anderen, alternativen Angeboten zur Wirklichkeitsbewältigung. Der Absolutheitsanspruch des Christentums besteht nur noch theoretisch. Der Islam hingegen setzt notwendigerweise auf die fromme Praxis und prägt damit seine Umwelt. Eine aufgeklärte Scheidung zwischen individueller Annahme (Glaube) und daraus resultierender Praxis ist denkerisch ebenso unmöglich wie die Trennung der religiösen von anderen Lebenswirklichkeiten. Die nachaufklärerische Ausgrenzung privater, religiöser und öffentlicher, gesellschaftlicher, kultureller oder wirtschaftlicher Realität ist für die meisten Ausprägungen islamischer Kultur nicht nachvollziehbar.

Vor diesem Hintergrund ist zunächst nach den immanenten Voraussetzungen des interreligiösen Dialogs zu suchen. Für das Christentum bestehen diese im Gebot der Heidenmission nach dem Vorbild des Apostels Paulus. Auch im Koran ist die grundsätzliche Gesprächsbereitschaft gegenüber den »Buchbesitzern«, also den auf ein schriftliches Stiftungsdokument sich berufenden Weltreligionen, dokumentiert. Vom interreligiösen Dialog sind alle jene Religionen ausgeschlossen, welche nicht von der Existenz nur eines Gottes (Monotheismus) ausgehen.

Die Voraussetzungen des sich seit dem 16. Jahrhundert in der westlichen Welt entfaltenden Toleranzgedankens teilen große Teile der islamischen Welt gerade nicht. Weil die Aufklärung und die durch sie geprägte westliche Kultur eng mit deren christlichen Wurzeln verbunden sind, akzentuiert der Islam seinen Alternativentwurf kritisch und in bewusster Opposition. Die westliche Kultur wird überdies mit den Kolonialmächten der neueren Zeit identifiziert und so der Toleranzgedanke als westlich-christliche Forderung abgewertet.

Das Auseinandertreten von theoretischer Grundlegung und praktischer Frömmigkeit im westlich geprägten Christentum ist immer wieder Anlass zu islamischer Kritik. Der Islam als eine alle Lebensformen ergreifende Frömmigkeit wird per se unglaubwürdig, wo seine theoretische Aussage nicht sofort in praktische Frömmigkeit mündet. Vor diesem Hintergrund sind es vor allem die im alltäglichen Umgang der Kulturen bedeutsamen Stellungnahmen zu Sozialethik und praktischer Lebensorientierung, an denen sich die Geister scheiden. Insbesondere vor dem Hintergrund eines erstarkenden Fundamentalismus auf beiden Seiten wird der Dialog eher von Detailfragen und aus ihnen resultierenden Konflikten als von den ›großen‹ Themen der Theologie bestimmt.

Belastungen des christlich-islamischen Religionsgespräches entstehen in der Regel aus mangelnder Kenntnis der religiösen wie historischen Bedingungen gegenwärtiger islamisch geprägter Politik und ihrer Vielfalt. Hinzu kommen erschwerend die nicht zuletzt aus innenpolitischen und wahltaktischen Intentionen heraus sorgsam gepflegten Vorurteile. Sie sind im Verlauf der gemeinsamen Geschichte der letzten 1500 Jahre so tief in die Mentalität auf beiden Seiten der Religionsgrenze eingedrungen, dass sie erst in einem langwierigen Reflexionsprozess entlarvt und überwunden werden können. Dazu zählen gleichermaßen fundamentalistisch nachträglich gerechtfertigte Gewaltakte islamischer Terrorgruppen wie das an imperialistische Vorgehensweisen vergangener Jahrhunderte erinnernde Verhalten der alliierten Koalitionstruppen unter Führung der Vereinigten Staaten in Afghanistan und Iran. Oftmals sind es die aus westlicher Sicht unter dem Postulat der Terrorbekämpfung vernachlässigbaren Kleinigkeiten des wechselseitigen Miteinanders, welche den gewaltsamen Konflikt provozieren, wie die häufige Verletzung von Privatsphäre etwa bei Stürmung von Häusern, Besetzungen von Gebäuden mit vorzugsweise privater oder religiöser Nutzung, die bewusste Missachtung der in der islamischen Kultur üblichen Intimsphäre und Schamgrenzen, wie sie in erschreckender Weise bei der Misshandlung von Gefangenen auf Anweisung höchster Regierungsstellen zur Regel wurde, und die mangelnde Berücksichtigung von Alltags-, Speise- und Verhaltensgeboten, etwa bei unterschiedlichen Begrüßungsformen und dem damit verbundenen Körperkontakt, dem Umgang zwischen den Geschlechtern, der geschlechtsspezifischen Erziehung von Kindern und vielem anderen mehr.

Chancen des christlich-islamischen Religionsgespräches ergeben sich vor diesem Hintergrund vor allem durch die bessere, und das heißt vor allem differenziertere Kenntnis der fremden Religion. Freilich setzt der gegenseitige Dialog auch die genauere Kenntnis der eigenen Frömmigkeit und Kultur, möglicherweise sogar eine streckenweise stärkere Identifikation damit voraus. Beide Aspekte können durch intensivere historisch-kritische Studien an Texten, die Aufarbeitung der historischen Differenzen und Divergenzen sowie in gegenseitigem Respekt vor den jeweiligen religiös-gesellschaftlichen Kulturleistungen bearbeitet werden. Sicherlich trägt die Einrichtung islamkundlicher Lehrstühle an europäischen Hochschulen zur Erweiterung des jeweiligen Bildungshorizontes bei. Ins Gespräch mit dem Islam kommen Vertreter der westlichen Kultur freilich erst, wenn sie auch vor Ort von islamischer Seite als Gesprächspartner ernst genommen werden. Bis dahin ist es freilich in vielen Ländern dieser Erde noch ein weiter Weg, der nahezu ausschließlich über den persönlichen Umgang miteinander und die direkte Begegnung verläuft.

Literatur

Laude Cahen: Der Islam (I–II) (= Fischer Weltgeschichte 14), Frankfurt 1968.

Werner Ende, Udo Steinbach: Der Islam in der Gegenwart, München [4]1996.

Günter Kettermann: Atlas zur Geschichte des Islam, Darmstadt 2001.

Adel Theodor Khoury: Einführung in die Grundlagen des Islams, Graz u. a. 1978.

Michael Mildenberger, Hans Vöcking (Hgg.): Islamische und christliche Feste, Stuttgart [2]1984.

Rudi Paret: Mohammed und der Koran, Stuttgart [8]2001.

Annemarie Schimmel: Sufismus, München [2]2003.

Bernhard G. Weiss: The Spirit of Islamic Law, Athens GA 1998.

John Alden Williams: Der Islam, Genf 1973.